Däßler   Elementar-BASIC

Klaus Däßler

Elementar-BASIC

Einführung
und Norm DIN 66 284

Springer-Verlag
Berlin Heidelberg New York
London Paris Tokyo

Beuth Verlag GmbH
Berlin Köln

Klaus Däßler
Siemens AG, K D ST SP 3
Otto-Hahn-Ring 6, D-8000 München 83

Enthält DIN 66 284 (Ausg. 5.88)

Norm DIN 66 284.
Wiedergegeben mit Erlaubnis des DIN Deutsches Institut für Normung e.V. Maßgebend für das Anwenden der Norm ist deren Fassung mit dem neuesten Ausgabedatum. Auskünfte über den Stand der Normung vermitteln der Normenausschuß Informationsverarbeitungssysteme sowie das Deutsche Informationszentrum für technische Regeln (DITR) im DIN, Burggrafenstraße 6, 1000 Berlin 30, Telefon (030) 2601-600, Telex 185 269 ditr d.

ISBN-13:978-3-540-16386-2   e-ISBN-13:978-3-642-71122-0
DOI: 10.1007/978-3-642-71122-0

CIP-Titelaufnahme der Deutschen Bibliothek
Dässler, Klaus, Elementar-BASIC : Einf. und Norm DIN 66284, Erl. / K. Dässler.
Berlin ; Heidelberg ; New York ; London ; Paris ; Tokyo : Springer ; Berlin ; Köln : Beuth, 1988
ISBN-13:978-3-540-16386-2

Dieses Werk ist urheberrechtlich geschützt. Die dadurch begründeten Rechte, insbesondere die der Übersetzung, des Nachdrucks, des Vortrags, der Entnahme von Abbildungen und Tabellen, der Funksendung, der Mikroverfilmung oder der Vervielfältigung auf anderen Wegen und der Speicherung in Datenverarbeitungsanlagen, bleiben, auch bei nur auszugsweiser Verwertung, vorbehalten. Eine Vervielfältigung dieses Werkes oder von Teilen dieses Werkes ist auch im Einzelfall nur in den Grenzen der gesetzlichen Bestimmungen des Urheberrechtsgesetzes der Bundesrepublik Deutschland vom 9. September 1965 in der Fassung vom 24. Juni 1985 zulässig. Sie ist grundsätzlich vergütungspflichtig. Zuwiderhandlungen unterliegen den Strafbestimmungen des Urheberrechtsgesetzes.

© Springer-Verlag Berlin Heidelberg 1988

Die Wiedergabe von Gebrauchsnamen, Handelsnamen, Warenbezeichnungen usw. in diesem Werk berechtigt auch ohne besondere Kennzeichnung nicht zu der Annahme, daß solche Namen im Sinne der Warenzeichen- und Markenschutz-Gesetzgebung als frei zu betrachten wären und daher von jedermann benutzt werden dürften.

2145/3140-543210

Vorwort

Die Programmiersprache BASIC ist im angelsächsischen und deutschen Sprachraum die Elementarausbildungs-Programmiersprache Nr.1. Mit dem Aufkommen der Mikroprozessoren und damit äußerst billiger und leistungsfähiger Arbeitsplatz- und Hobbyrechner hat BASIC verstärkt Einzug in die Haushalte und Schulen gehalten. Z.B. sind regelmäßig über 50% der Einsendungen etwa beim Bundes-Schülerwettbewerb Informatik in BASIC programmiert. Da BASIC sehr gut zum autodidaktischen Arbeiten geeignet ist, hat es sich überall dort etabliert, wo die Informatikausbildung bisher noch schwach war, z.B. in der Lehramtsausbildung, und somit etwa das Profil der Mathematiklehrer mitgeprägt. So liegt an Schulen ein großer Fundus von über den Informatikunterricht hinausgehenden Verwaltungsprogrammen und fachübergreifender Ausbildungs-Software in BASIC vor.
Ebenso existieren umfangreiche BASIC-Programmpakete in mittelständischen Unternehmen und Verwaltungsdienststellen, die mit kleiner und mittlerer Datentechnik arbeiten. Diese Programme sichern durch ihre Existenz und Evolution den praktischen Einsatz von BASIC auf unabsehbare Zeit.

Im Jahre 1984 wurde die internationale BASIC-Norm ISO 6373 (Minimal BASIC) verabschiedet, deren deutschsprachige Version - Elementar-BASIC - dieses Buch enthält. Gleichzeitig wird seit Beginn der 80er Jahre beim amerikanischen Normungsinstitut ANSI sowie bei der Vereinigung der europäischen Rechnerhersteller ECMA an zwei Normentwürfen zum erweiterten BASIC gearbeitet, die 1986 (ECMA) und 1987 (ANSI) als Normen verabschiedet wurden. Beide Normen enthalten (bis auf minimale Konventionen bei Reihungen) Elementar-BASIC als Untermenge bzw. Kern. Es ist zu erwarten, daß 1988/89 die ANSI-Norm BASIC Grundlage für eine ISO-Norm Extended BASIC wird. Siehe hierzu Abschnitt I.8 der Einführung.

Dieses Buch besteht aus einer kurzen Einführung in Elementar-BASIC (Teil I), aus der DIN-Norm Elementar-BASIC (Teil II), sowie einer Reihe von Erläuterungen in den Anhängen, die nicht Bestandteil der Normanforderungen sind. Es soll dem Leser in einem geschlossenen Werk die Möglichkeit gegeben werden, einerseits in einer leichtverständlichen Einführung die Sprache BASIC kennenzulernen und andererseits sofort die Präzision des Normtextes, wo steht, "wie es wirklich ist", zu nutzen. Da ein Normtext aufgrund seiner juristischen Verbindlichkeit mit höchster Präzision, also i.a. schwer verständlich formuliert ist, kann man vom Normtext jederzeit auf das leichter verständliche Einführungsniveau in Teil I zurückgreifen. Dort werden auch geschraubte Normausdrücke schon zusammen mit den entsprechenden umgangssprachlichen, aber weniger präzisen Begriffen eingeführt. Deshalb gibt es Verweise von den unabhängig numerierten Abschnitten der Einführung auf den Normtext.

Folgenden Damen und Herren möchte ich an dieser Stelle für ihre wertvolle Mitarbeit an der DIN-Norm (Teil II dieses Buches) danken:

Frau Doris Linse, Stuttgart,
Herrn Werner Becker, München
Herrn Jens Däßler, München
Herrn Dr. Karl-August Keil, Augsburg sowie
Herrn Dieter Kreutzer, Villingen.

Sie haben durch ihre praktische und pädagogische Erfahrung mit BASIC zum Erreichen einer guten Lesbarkeit der Norm unter Beibehaltung ihrer Präzision beigetragen. Dem Beuth-Verlag Berlin sowie dem Springer-Verlag Berlin Heidelberg New York Tokio sei für die angenehme Zusammenarbeit gedankt.

Inhalt

Einleitung IX

Teil I Einführung in Elementar-BASIC

- I.1 Programmstruktur und ein Beispiel 1
- I.2 Die lexikalischen Elemente von Elementar-BASIC . . . 6
- I.3 Variablen, Werte und Ausdrücke 11
- I.4 Funktionen und Funktionsaufrufe 17
- I.5 Anweisungen 20
- I.6 Unterprogramme 42
- I.7 Ein Beispiel: Der Blasen-Sortieralgorithmus 44
- I.8 Erweiterungen und Normung von BASIC 46

Teil II DIN-Norm 66 284: Elementar-BASIC

Vorwort

- 1 Anwendungsbereich 4
- 2 Normkonformität 5
- 3 Verweisungen auf andere Normen 6
- 4 Definitionen 7
- 5 Zeichen und Zeichenketten 11
- 6 Programme 14
- 7 Konstanten 17
- 8 Variablen 20
- 9 Ausdrücke 23
- 10 Standardfunktionen 26
- 11 Benutzerdefinierte Funktionen 29
- 12 LET-Anweisung 31
- 13 Steueranweisungen 33
- 14 FOR- und NEXT-Anweisung 37
- 15 PRINT-Anweisung 40
- 16 INPUT-Anweisung 44
- 17 READ- und RESTORE-Anweisung 47
- 18 DATA-Anweisung 49

19	Reihungs-Vereinbarungen	50
20	REM-Anweisung	52
21	RANDOMIZE-Anweisung	53

Anhänge

A	Aufbau der Norm	56
B	Die Methode der Syntaxspezifikation	58
C	Implementierungsdefinierte Eigenschaften	60
D	Verzeichnis der Syntaktischen Metanamen	62

Einleitung

Zur Sprache BASIC

BASIC (*Beginner's All-purpose Symbolic Instruction Code*, das heißt zu Deutsch etwa "Universelle Programmiersprache für Anfänger") gehört zu den sogenannten höheren Programmiersprachen. Diese bieten (im Gegensatz zu den sog. maschinennahen Programmiersprachen) dem Programmierer vom Rechenautomaten unabhängige Sprachmittel an, die erstens mächtiger als die Elemente von Maschinen- oder Assemblersprachen sind, zweitens Programmierer und Programm vom "Kleinkram" entlasten und damit die Fehleranfälligkeit verringern, die drittens auch die Phantasie, Schöpferkraft und Abstraktionsfähigkeit des Programmierers durch das Bereitstellen interessanter Sprachelemente anreichern und nicht zuletzt viertens das zwanglose Übertragen von Programmen auf verschiedenste Rechner gestatten, wenn dort entsprechende Sprachverarbeitungssysteme vorliegen. Letzterem Ziel dient übrigens auch das Schaffen und Durchsetzen von Programmiersprachen-Normen. Dieses Buch ist als Teil dieser Bemühungen zu sehen.

BASIC wurde in den Jahren 1965 bis 1967 von den Amerikanern *John Kemeny* und *Thomas Kurtz* mit dem Ziel entwickelt, eine höhere Sprache nach dem Vorbild von FORTRAN für kleine und kleinste Rechner zu schaffen. Sie sollte darüber hinaus auch für die Informatikausbildung an Schulen und zum Programmieren von Hobbyrechnern geeignet sein. Mittlerweile zählt BASIC nach COBOL und FORTRAN zu den meistverbreiteten höheren Programmiersprachen; im Ausbildungs- und Hobbysektor ist es die meistverbreitete Sprache, und im kommerziellen und wissenschaftlich-technischen Sektor wird sie häufig eingesetzt.

Folgende Gründe bewirken die außerordentliche Popularität von BASIC:

- die überaus einfache Struktur und Kompaktheit der Sprache
- ihre Verfügbarkeit auch auf kleinsten und billigsten Rechnern
- ihre Eigenschaft, ein elementares Verständnis für die Arbeitsweise heutiger Rechenautomaten zu vermitteln
- die Fähigkeit zur interpretativen Abarbeitung, die zwangloses Arbeiten ohne komplizierten und zeitraubenden Übersetzungszyklus gestattet
- der Effekt, daß man sich schwer von der als erster erlernten Programmiersprache trennen kann

Alle diese Gründe sprechen dafür, daß BASIC auch weiterhin als Ausbildungs- und Hobbysprache eine führende Rolle spielen wird.

Einleitung

Sprachmerkmale von Elementar-BASIC

Elementar-BASIC ist ein genormter, minimaler Sprachumfang von BASIC, der von jedem BASIC-System korrekt und vollständig verarbeitet werden sollte. Viele Implementierungen (d.h. BASIC-Sprachverarbeitungssysteme auf verschiedenen Rechnern) besitzen eine mehr oder weniger große Menge von Erweiterungen zu diesem Sprachumfang, die den Komfort der Sprache erhöhen, über deren Wert man aber gelegentlich geteilter Meinung sein kann. Siehe dazu auch den folgenden Abschnitt "BASIC in der Sprachlandschaft".
Elementar-BASIC besitzt in beschränktem Maße neben einfachen Anweisungen wie LET oder GOTO und einfachen Datenobjekten wie Ganzzahlen und Zeichen auch strukturierte Anweisungen und problemorientierte Datenstrukturen. Als strukturierte Anweisungen dienen die FOR-NEXT-Anweisung für zählvariablengesteuerte Wiederholungen sowie die IF-THEN-Anweisung für bedingte Ausführungen. Als strukturierte Datenobjekte stehen ein- oder zweidimensionale numerische Reihungen sowie Zeichenkettenvariablen (Strings) zur Verfügung. Ein einfaches Typkonzept gestattet in Ansätzen elementare Überprüfungen der Korrektheit von Programmen durch den Sprachprozessor. Der (implizite) Standardtyp der Variablen ist der Ganzzahltyp. Ganzzahlvariablen werden durch ihre Verwendung vereinbart. Ein elementares Unterprogramm-Konzept gestattet es, Programme übersichtlicher zu gestalten. Allerdings ist keine statische Schachtelung der Unterprogramme und auch keine Rekursion möglich.
Das Erscheinungsbild von BASIC-Programmen wird von einer durchgehenden Zeilennumerierung bestimmt. Sie ist Grundlage für bedingte und unbedingte Sprünge, die aufgrund der sparsamen Ausstattung mit strukturierten Anweisungen häufig verwendet werden, sowie für die Unterprogrammtechnik. Ein kompakter, doch ausreichender Satz von mathematischen Funktionen, Operationen und Vergleichen sowie eine elementare Ein/Ausgabe runden Elementar-BASIC zu einer übersichtlichen und doch interessanten Einsteigersprache ab.

BASIC in der Sprachlandschaft

An dieser Stelle soll etwas zum immerwährenden Streit über den Wert oder Unwert einer Programmiersprache gesagt werden, der sich oft an BASIC entzündet. BASIC hat seinen Platz am unteren Ende einer langen Reihe von höheren Programmiersprachen, die größtenteils besser strukturiert, mächtiger, aber auch schwerer zu erlernen sind. Als Einsteigersprache vermag BASIC dem Lernenden gut die Funktionsweise des Rechenautomaten und die Grundelemente des Programmierens zu vermitteln. Insofern ist seine Bedeutung auf diesem Gebiet nach unserer Auffassung unleugbar und hat sich trotz aller Verachtung durch die Informatik-Eliten durchgesetzt.

Einleitung

Man beachte aber folgendes (und dies gilt nicht nur für BASIC): Sobald der Programmierer die Sprache völlig und intim beherrscht und nach Ausdrucksmitteln sucht, die sie nicht mehr anbieten kann; sobald komplexere Aufgaben wegen ausufernder GOTO's zu unübersichtlichen Programmen führen, sollte er beherzt auf eine neue, mächtigere Sprache umsteigen, anstatt sich in zunehmendem Maße in einem Gestrüpp von Klimmzügen und direkten Speichermanipulationen zu verstricken, womit er sich unweigerlich seinen Programmierstil verdirbt.

Ebenso kann die Bereitschaft der Hersteller und Normungsgruppen, aus einer Programmiersprache durch ständige Hinzunahme von Leistungsmerkmalen neuerer Sprachen eine immer leistungsfähigere und komfortablere Universalsprache zu machen, ihren konsequenten Entwurf und damit den Programmierstil ihrer Benutzer verderben. So gibt es mittlerweile zwei sehr umfangreiche genormte Dialekte eines erweiterten BASIC (siehe Abschn. 1.8), die alle Leistungsmerkmale von Elementar-BASIC enthalten, in ihrem Sprachumfang aber den mächtigsten prozeduralen Sprachen (z.B. Ada) Konkurrenz machen wollen. Diese Dialekte haben u.E. wenig Aussichten, im Wettstreit der Hochsprachen einen guten Platz zu belegen.

Als Aufsteigersprache nach **BASIC** ist hier **Pascal** (DIN 66256) besonders zu empfehlen. Pascal begründet mit seinem konsequent sparsamen, aber wirksamen Aufbau eine ganze Sprachfamilie moderner sog. prozeduraler Sprachen und vermittelt dem Programmierer die notwendige Disziplin zum Erstellen größerer, komplexerer, aber doch lesbarer, robuster Programme. Mit den dort erworbenen Fähigkeiten und Gewohnheiten ist der Programmierer gewappnet, einerseits die Höhen prozeduraler Programmierkunst mit **Modula-2, Extended Pascal** oder **Ada** zu erklimmen, andererseits die mächtigen, schöpferischen Sprachmittel der KI-Sprachen **LISP** oder **PROLOG** zu erlernen, weiterhin die Freiheiten der Systemprogrammierungssprache **C** zu nutzen oder auf kommerziellem oder wissenschaftlich-technischem Gebiet das Beste aus **COBOL** bzw. **FORTRAN** herauszuholen.

Einleitung

Anleitung zum Lesen der Syntaxdiagramme

Die Menge von Regeln, also die Grammatik, nach denen Programme einer Programmiersprache aufgebaut sein müssen, beschreibt die Syntax der Programmiersprache.
Zur Veranschaulichung der möglichen Sprachkonstruktionen von BASIC sind in dieser Einführung graphische Syntaxdiagramme angegeben. Hier soll am Beispiel des Diagramms für die Konstuktion von Ganzzahl-Konstanten demonstriert werden, wie so ein Diagramm zu lesen ist. Als Ganzzahl-Konstante kann man sich z.B. -4711 vorstellen.

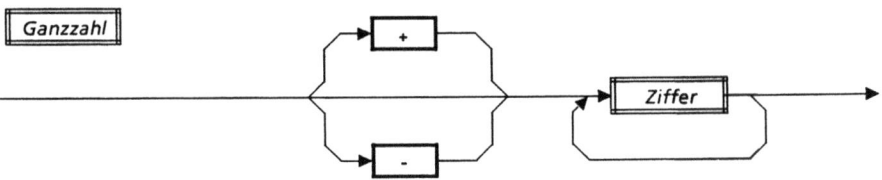

I.A. steht in der linken oberen Ecke ein hellumrandeter Kasten, der den Namen der syntaktischen Konstruktion als sog. *nichtterminales Symbol* enthält. Dieses repräsentiert das ganze Diagramm und wird in anderen Syntaxdiagrammen wieder auftauchen. Überall dort, wo es auftaucht, hat man sich das ganze Syntax-Diagramm vorzustellen, das es repräsentiert. Dadurch gelingt es, die gesamte Beschreibung der Sprachsyntax in überschaubare, abgeschlossene Einheiten zu zerlegen. Neben hellumrandeten Kästen, die also ein ganzes anderes Syntaxdiagramm verkörpern, gibt es noch dunkel umrandete Kästen. Diese enthalten sog. *terminale Symbole,* die für sich selbst stehen, also unverändert im BASIC-Programm auftauchen. Ein vollständiges BASIC-Programm entsteht formal also durch Auflösen sämtlicher nichtterminalen in terminale Symbole, wozu es unendlich viele (syntaktisch richtige) Möglichkeiten gibt.
Man tritt mit dem Finger links in das Diagramm ein und verfolgt den Richtungspfeil mit dem Ziel, es rechts wieder zu verlassen. Alle terminalen Symbole, die am Wege liegen, gehören in der vorgegebenen Reihenfolge zu der gewünschten Konstruktion. Nichtterminale Symbole werden durch ihr Diagramm aufgelöst. Wenn eine Verzweigung kommt, so kann man wahlweise einen der möglichen Wege in Pfeilrichtung verfolgen. Oft entstehen so Schleifen, die man beliebig oft durchlaufen und dann verlassen kann. Syntaxkonstruktionen, die sog. lexikalische Elemente (I.2) bilden, dürfen im Inneren keine Leerzeichen enthalten, außer wenn eine explizite Erlaubnis vorliegt. Auch vor den Zeilennummern dürfen keine Leerzeichen auftreten. Ansonsten sind überall, wo Pfeile stehen, Leerzeichen bzw. Tabulatoren erlaubt bzw. manchmal vorgeschrieben.

Einleitung

Es folgt noch das Syntaxdiagramm eines Programms in Elementar-BASIC. Dies ist, bei konsistenter Angabe aller Syntaxdiagramme, die Wurzel für die Darstellung aller Programme in Elementar-BASIC. Allerdings sind für Zeilennummer, Anweisung und Zeilenende der Übersichtlichkeit halber keine Diagramme angegeben, sie sind eindeutig in Abschn. I.2 bzw. I.5.1 hergeleitet.

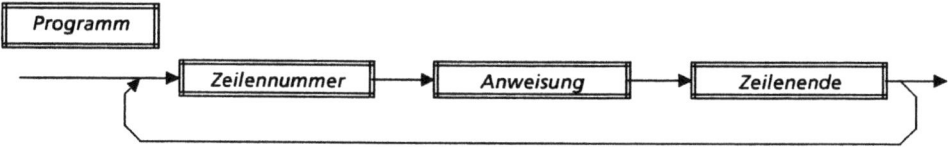

"Ein Programm in Elementar-BASIC ist syntaktisch eine beliebig lange Folge von Zeilen, von denen jede aus einer Zeilennummer, einem oder mehreren Leerzeichen oder Tabulatoren, dann einer Anweisung und einem Zeilenende besteht."

Teil I

Einführung in Elementar-BASIC

I.1 Programmstruktur und ein Beispiel

Das folgende Bild zeigt ein syntaktisch richtiges BASIC-Programm. "Syntaktisch richtig" bedeutet, daß alle Sprachelemente, die in diesem Programm verwendet werden, nach den Regeln, die die Sprache vorgibt (man nennt sie die Syntax der Sprache) 1. richtig geschrieben sind und 2. im Programm an der richtigen Stelle kommen. Wir erkennen eine Reihe von Zeilen, die jeweils mit einer Nummer (der Zeilennummer) beginnen und ansonsten (nach einer systematischen Einrükkung) im wesentlichen aus Folgen von großbuchstabigen Worten, Zahlen und gewissen Sonderzeichen bestehen.

```
01      REM PROGRAMM ZUM PRIMZAHLENBERECHNEN
10      PRINT "BITTE OBERGRENZE EINGEBEN"
20      INPUT G
30      DIM F (10000)
40      FOR I = 0 TO G
50          LET F(I) = 1
60      NEXT I

70      FOR T = 2 TO G
80          IF F(T) = 0 THEN 150
90          PRINT T
100         LET K = 2 * T
110         IF K > G THEN 150
120         LET F(K) = 0
130         LET K = K + T
140         GOTO 110
150     NEXT T
160     END
```

Abb. 1: Programm "Sieb des Eratosthenes"

Dieses Programm erfragt eine positive Zahl G (wie Grenze) von der Tastatur und berechnet anschließend sämtliche Primzahlen, die im Bereich von 2 bis G liegen. Damit vermag der Rechner in kürzester Frist eine Arbeit zu leisten, die einem

Einführung I.1 Programmstruktur und ein Beispiel

Menschen mit Bleistift und Papier wohl beträchtlichen Zeitaufwand bereiten würde. Wir wollen nun die einzelnen Zeilen und Bestandteile des Programms informativ diskutieren, indem wir uns jeweils in die Situation des Programms bzw. des Rechners versetzen, der dieses Programm abarbeitet. Die im Beispielprogramm fettgedruckten Worte sind Schlüsselworte (Wortsymbole), die in BASIC eine ganz bestimmte Bedeutung besitzen und durch die Sprache vorgeschrieben sind.

01 **REM** PROGRAMM ZUM PRIMZAHLENBERECHNEN

Die erste Zeile enthält einen Kommentar. Dieser hat auf die Tätigkeit des Programms keinerlei Einfluß und dient nur als Gedächtnisstütze für den Programmierer. Damit der Rechner merkt, daß diese Zeile nicht abgearbeitet werden muß, geht dem Kommentar das Schlüsselwort **REM** (remark, bedeutet Bemerkung) voraus. Der Kommentar gilt nur bis zum Ende dieser Zeile. Er heißt deshalb auch Zeilenendekommentar.

10 **PRINT** "BITTE OBERGRENZE EINGEBEN"

Die zweite Zeile, Nummer 10, enthält eine **PRINT**-Anweisung, die eine Ausgabe auf dem Bildschirm bewirkt. Ausgegeben wird alles, was nach PRINT bis zum Zeilenende kommt; hier ist es die in Anführungsstriche gesetzte Zeichenkette.

Frage: Warum numerieren wir die zweite Zeile mit 10 statt mit 02? Nun, falls es uns einfällt, in das fertige Programm noch weitere Zeilen, etwa Kommentare und Ausgabeanweisungen einzufügen, so kommen wir bei einer kleinlichen Numerierung bald in Schwierigkeiten und müssen das ganze Programm umnumerieren. Die Schrittweite sollte also unserer "Änderungswut" entsprechen. Wir wollen uns hier auf Zehnerschritte einigen.

20 **INPUT** G

Beim Abarbeiten der INPUT-Anweisung fordert der Rechner vom Programmierer eine Eingabe an, die dann in eine oder mehrere Eingabevariablen (hier nur die ganzzahlige Variable G) hineinkommt. Wenn das Programm beim Ablauf an diese Stelle kommt, muß also eine ganze Zahl eingetippt werden .
Nun hat das Programm alles, was es braucht, um mit dem Sieb-Algorithmus alle Primzahlen in dem geforderten Bereich zu berechnen und auszugeben.

Einführung I.1 Programmstruktur und ein Beispiel

Zwischenbemerkung: Das Sieb des Erastothenes (einfache Form)
Wir wollen kurz den Algorithmus des Primzahlprogramms beschreiben. Zunächst wird eine lange Leiste (Reihung) von 1/0-Schaltern für alle Ganzzahlen von 0 bis zur Obergrenze G angelegt. Die Schalter werden alle auf 1 gesetzt, d.h. alle Ganzzahlen sind da. Dann wird, unter Weglassen von 0 und 1, von unten beginnend, jede Ganzzahl getestet. Die erste Zahl, die 2, ist eine Primzahl und wird ausgegeben; damit sind aber alle Vielfachen von 2 bis zur Obergrenze keine Primzahlen mehr und können in der Reihung als uninteressant auf 0 geschaltet werden. Die nächste ist 3; wiederum werden alle Vielfachen von 3 ausgeschaltet. Es kann so nie eine Testzahl ausgegeben werden, die ein Vielfaches einer anderen ist. Das geht solange, bis alle verbleibenden Zahlen betrachtet wurden und der angegebene Bereich erschöpft ist. Weiter nun mit der Diskussion des Programms.

```
30 DIM F (10000)
```

Diese Anweisung nennen wir eine Vereinbarung; es wird hier eine ein**dimensio**nale Zahlenleiste, eine Reihung mit 10001 Elementen, die von 0 bis 10000 numeriert sind, angelegt. Die Reihung ist eine typische *Datenstruktur*. Wir geben ihr den Namen F (wie Flaggenfeld), um anzuzeigen, daß sie lauter Flaggen (0 oder 1) enthält, die anzeigen sollen, ob eine Zahl, die der Flaggen-Nummer entspricht, als Primzahl noch infrage kommt. Zunächst sind dies noch alle Zahlen im angegebenen Bereich, also müssen wir alle Flaggen auf 1 setzen:

```
40 FOR I = 0 TO G
50    LET F ( I ) = 1
60 NEXT I
```

Dies geschieht mittels einer **FOR**-Anweisung, die in Zeile 40 beginnt und in Zeile 60 endet. Für alle ganzzahligen Werte der Laufvariablen I von der Untergrenze 0 bis zur Obergrenze G (die wir vorhin eingaben) soll das I-te Element der Reihung F, nämlich das Element F(I), mittels der **LET**-Anweisung auf den Wert 1 gesetzt werden. Der **NEXT**-Teil in Zeile 60 zeigt an, welche Anweisungszeilen, nämlich die zwischen den zusammengehörigen **FOR** I und **NEXT** I liegenden (hier nur Zeile 50), mit steigenden Werten von I durchlaufen werden sollen. Er begrenzt also die **FOR**-Anweisung, die sich über beliebig viele Zeilen erstrecken kann. Die **LET**-Anweisung in Zeile 50 kann man einrücken, damit man erkennt, daß sie unter der Regie der sie umfassenden **FOR**-Anweisung abläuft, und zwar

solange, wie es dieser gefällt. Die **FOR**-Anweisung ist eine strukturierte Anweisung.
LET bedeutet: "**lasse** die nachfolgende Variable, hier F(I), den hinter dem Gleichheitszeichen stehenden Wert, hier 1, annehmen".

Nachdem die *Initialisierung* von F geschehen ist, können wir uns dem Algorithmus der Primzahlenbestimmung zuwenden. Zunächst erkennen wir, daß eine **FOR**-Anweisung mit T (Testzahl) als Laufvariabler den ganzen Ablauf steuert, nämlich von 2 an mit jeweils um 1 steigenden ganzzahligen Werten solange, bis T die Grenze G überschritten hat. Dann endet das Programm. Die zwischen Nr. 70 und 150 liegenden Anweisungen werden also mit jeweils einem neuen T-Wert (G-1) mal ausgeführt.

70 **FOR** T = 2 **TO** G

150 **NEXT** T

Zunächst wird nachgeschaut, ob der nächste Wert von T für die Berechnung noch infrage kommt, d.h. ob die dazugehörige Flagge noch auf 1 gesetzt ist. Dies bewerkstelligt die **IF**-Anweisung in Zeile 80.

80   **IF** F(T) = 0 **THEN** 150

Wenn F(T) den Wert 0 hat, dann können wir weitere Arbeiten mit dieser Testzahl sofort überspringen und uns von der **FOR**-Anweisung eine neue liefern lassen. Das Überspringen wird durch Angabe der Zeilennummer des Sprungziels hinter dem **THEN** der **IF**-Anweisung bewirkt. Wir springen hinter das Ende der zu überspringenden Anweisungen auf den **NEXT**-Teil der **FOR**-Anweisung, damit diese richtig weiterzählen kann.
Wenn jedoch F(T) noch den Wert 1 hat, so gehen wir zur nächsten Anweisung über, die die Testzahl T als Primzahl auf dem Bildschirm ausgibt.

90   **PRINT** T

Nun müssen wir sämtliche Vielfachen der erkannten Primzahl im Flaggenfeld als uninteressant markieren. Dazu benutzen wir eine Hilfsvariable K, die zunächst den verdoppelten Wert der erkannten Primzahl bekommt:

Einführung I.1 Programmstruktur und ein Beispiel

  100   LET K = 2 * T

Wenn die verdoppelte Primzahl damit schon nicht mehr im angegebenen Bereich liegt, so sind wir mit der Arbeit fertig und können uns der nächsten Testzahl T zuwenden, d.h. zum **NEXT**-Teil der **FOR**-Anweisung springen.

  110   IF K > G THEN 150

Ansonsten aber setzen wir die zu dem jeweiligen Vielfachen der Primzahl gehörige Flagge auf Null, so daß wir sie nicht mehr als T untersuchen.

  120   LET F(K) = 0

Anschließend erhöhen wir K auf das nächste Vielfache der Primzahl. Dies geht wie folgt vonstatten: Zuerst werden K und der Wert von T addiert, anschließend wird der gewonnene Wert mittels **LET** wiederum K zugewiesen.

  130   LET K = K + T

Dabei behält K solange seinen alten Wert, bis der Ausdruck K + T berechnet ist. Dann erst wird der Wert von K durch die Zuweisung des Ergebnisses verändert.
Nun muß wiederum geschaut werden, ob der neue K-Wert noch im angegebenen Bereich liegt; wenn ja, muß die dazugehörige Flagge auf 0 gesetzt werden, wieder erhöht werden usw. Da das alles schon in den Zeilen 110 bis 130 getan wird, können wir direkt nach 110 zurückspringen. Dies geschieht mittels eines sog. *unbedingten Sprunges* "gehe nach 110":

  140   GOTO 110

Wir kommen hier von der Anweisung 140 nie zur Fortsetzungszeile 150; dies ist nur von den Zeilen 80 und 110 möglich.
Das Programm wird beendet, wenn der Wert von T mittels der **FOR**-Anweisung die Grenze G überschritten hat, d.h. auch der Wert G selbst könnte noch eine Primzahl sein. Die **END**-Anweisung in Zeile 160 schließlich beendet das Programm.
Alle Primzahlen im geforderten Bereich sind nun auf dem Datensichtgerät ausgegeben worden.

I.2 Die lexikalischen Elemente von Elementar-BASIC

Die elementaren Bestandteile von BASIC-Programmen sind

- Zeilennummern
- Spezialsymbole (Sonderzeichen und Wortsymbole)
- Zahlen
- Zeichenketten (Strings)
- Namen von Variablen und Funktionen
- Kommentare
- Trenner (Leerzeichen, Tabulatoren, Zeilenende)

Diese Bestandteile heißen lexikalische Elemente (sie bilden das "Lexikon" der Grundelemente). Sie sind wiederum nach bestimmten Regeln aus Buchstaben, Ziffern und Sonderzeichen aufgebaut. In Elementar-BASIC müssen prinzipiell alle Buchstaben großgeschrieben werden. Nur in Zeichenketten und Kommentaren sind Leerzeichen erlaubt.

- **Zeilennummern**

Am Anfang jeder Zeile eines BASIC-Programms muß eine Zeilennummer stehen, die durch ein oder mehrere Leerzeichen oder Tabulatoren von der restlichen Zeile getrennt ist. Die Zeilennummer ist eine positive Ganzzahl verschieden von Null aus einer bis zu maximal 4 Ziffern. Führende Nullen können auftreten, haben aber keine Bedeutung.

Beispiele: 1
             10
             173
             0001   (dasselbe wie 1)

- **Spezialsymbole**

Spezialsymbole sind spracheigene Symbole mit unveränderlicher Bedeutung.
Dazu gehören einmal die Sonderzeichen wie folgt:

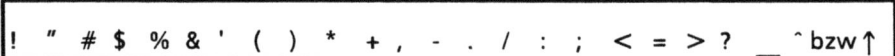

(aus den Sonderzeichen kann man noch bestimmte, aus mehreren Zeichen bestehende Operatoren bilden),

Einführung I.2 Lexikalische Elemente

und die 26 Wortsymbole (Schlüsselworte):

BASE	DATA	DEF	DIM	END
FOR	GO	GOSUB	GOTO	IF
INPUT	LET	NEXT	ON	OPTION
PRINT	RANDOMIZE	READ	REM	RESTORE
RETURN	STEP	STOP	SUB	THEN
TO				

Die Schlüsselworte gehören fest zum Repertoire der Sprache BASIC; das Sprachverarbeitungssystem (der Interpretierer) erkennt an ihnen bei der Abarbeitung des Programms, welche Aktion als nächstes auszuführen ist. Fast alle höheren Programmiersprachen besitzen solch einen Fundus spracheigener Wortsymbole.

- **Zahlen : numerische Konstanten (Abschn. 7)**

Oft kommt es vor, daß man numerische Werte fest in das Programm hineinschreiben will, weil sie ein für alle Mal festgelegt sind (sonst müßte man mit Variablen arbeiten). BASIC gestattet es, in Programmen sowohl Ganzzahlen als auch Realzahlen direkt anzugeben. Ein Beispiel für eine Ganzzahlkonstante ist z.B. die Zahl 10000 als feste Obergrenze für das Flaggenfeld F im Primzahlenprogramm (nicht zu versechseln mit den Zeilennummern). Zahlen ohne Vorzeichen heißen "vorzeichenlose Zahl".

Ganzzahlkonstanten:
Ganzzahlkonstanten bestehen aus einer Ziffernfolge, der ein optionales (wahlweises) Vorzeichen unmittelbar vorangehen kann.

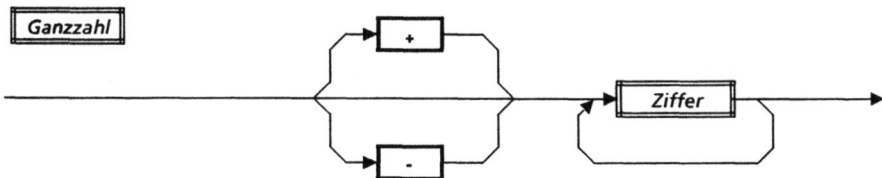

Beispiele +1
         -4711
         0
         9999

Einführung I.2 Lexikalische Elemente

Realzahlkonstanten
Für Realzahlen gibt es zwei verschiedene Darstellungen in Programmen; die Festpunktdarstellung und die Gleitpunktdarstellung. Der Punkt ist die in Programmiersprachen übliche Darstellung für das Dezimalkomma der Mathematik. Er trennt in der Festpunktdarstellung den ganzzahligen Teil einer Realzahl von deren gebrochenem Teil. Ein zusätzlicher, mit einem E eingeleiteter Zehnerpotenzfaktor hinter der Realzahl erweitert die Festpunkt- zur Gleitpunktdarstellung; durch ihn wird die eigentliche Stellung des Dezimalpunktes gegenüber der sichtbaren bestimmt. Das E wird gelesen: "mal 10 hoch".

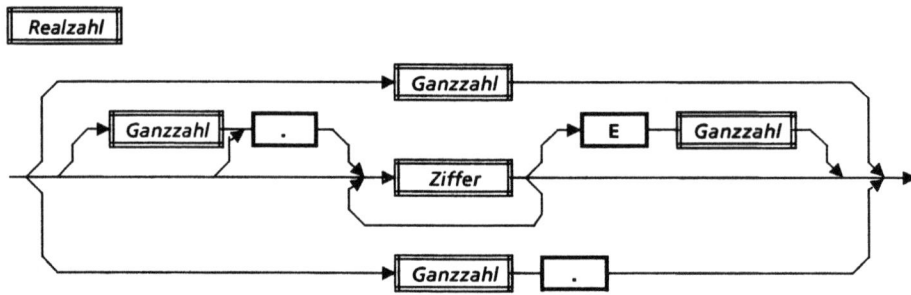

Beispiele   -21
            -3.14159
            .999
            .999E-2
            10E10
            13.

Für jeden Rechner gibt es eine vom Absolutbetrag her größte Ganz- bzw. Realzahl, die nicht überschritten werden kann. Hierdurch unterscheiden sich die Zahlen des Rechners von den Zahlen der Mathematik, derer es unendlich viele gibt. Die größte darstellbare Zahl in BASIC nennen wir das Zahlendarstellungs-Maximum; die kleinste noch von Null unterscheidbare Zahl das Zahlendarstellungs-Minimum. Beide Grenzwerte müssen im Handbuch eines BASIC-Programmiersystems angegeben sein. Wenn eine Zahl im Absolutbetrag das Maximum überschreitet, so wird im allgemeinen eine Ausnahme (d.h. eine Laufzeitfehlermeldung) generiert; in manchen Fällen wird auch einfach auf das darstellbare Maximum gerundet. Eine aufgrund ihrer betragsmäßigen Kleinheit nicht mehr darstellbare Zahl wird auf Null gesetzt.

Einführung I.2 Lexikalische Elemente

- **Zeichenkettenkonstanten (Abschn. 5)**

Eine beliebige Folge (mindestens ein Zeichen) von Großbuchstaben, Ziffern und Sonderzeichen (außer einem Anführungszeichen) kann in Zeichenkettenkonstanten stehen, die vorn und hinten von je einem Anführungszeichen begrenzt werden. Eine Zeichenkettenkonstante dient u.a. zum Ausgeben eines festen Textes auf dem Datensichtgerät (PRINT), zum Vergleich von Zeichenketten und zum Versorgen des Wertes von Zeichenkettenvariablen. Gelegentlich wird auch der deutsch-englische Mischname "String-Konstante" oder gar "String" für Zeichenkettenkonstanten verwendet.

Beispiele: "HANS HAT 5 HOSEN AN"
    "%$§&/()?"
falsch: "DAS IST "VON JETZT AB KEINE ZEICHENKETTE MEHR"

- **Namen von Variablen und Funktionen (Abschn. 8)**

Mit Variablennamen bezeichnet der Programmierer die Variablen in seinem Programm, das sind Objekte, die beim Lauf desselben verschiedene, z.B. ganzzahlige, Werte annehmen können, die u.a. zum Berechnen und zur Ein- bzw. Ausgabe benutzt werden.
Die Namen einfacher numerischer Variablen bestehen aus einem Großbuchstaben, wahlweise gefolgt von einer Ziffer.

Beispiele: A
    A0
    A1 (Diese drei Namen bezeichnen alle verschiedene Variable)

Die Namen von Zeichenkettenvariablen (das sind Variablen, die Zeichenketten als Werte annehmen können) bestehen aus einem Großbuchstaben, gefolgt von einem Dollarzeichen.

Beispiel: A$ (Der Name A$ bezeichnet eine andere Variable als A, A0 usw.)

Die Namen von Reihungen; das sind Variable, die mehrere gleichartige, monoton durchnumerierte Komponenten enthalten, bestehen aus einem einfachen Großbuchstaben. Wegen der Benennung der Komponenten siehe Abschnitt I.3.
Die Namen von benutzerdefinierten Funktionen beginnen mit FN, es folgt ein einzelner Großbuchstabe. Wegen der Funktionsdefinitionen siehe Abschnitt I.4.2.

Einführung I.2 Lexikalische Elemente

- **Kommentare**

Ein Kommentar tritt nur in der **REM**-Anweisungszeile auf (siehe Primzahlenbeispiel). Er beginnt nach einem dem **REM** folgenden Leerzeichen oder Tabulator und darf bis zum Zeilenende, wo er endet, beliebige Zeichen (außer Kleinbuchstaben) enthalten (Zeilenendekommentar). Er hat auf die Ausführung des Programms keinerlei Auswirkung. Kommentare dienen dazu, dem Leser eines Programmtextes Informationen über die Bedeutung des Programms, seiner Bestandteile und inneren Zusammenhänge zu geben. Da Programmierer die meiste Arbeitszeit mit der Evolution, d.h. Weiterentwicklung von schon vorhandenen Programmen zubringen, sind gute Kommentare für den Wert eines Programms mindestens genauso wichtig, wie die Algorithmen und Daten selbst. Das wird von unreifen und auch elitären Programmierern (sog. Hackern) sehr oft ignoriert, womit sie ihrer Umwelt und ihren Nachfolgern viel Kummer bereiten.

- **Trenner**

Trenner sind dazu da, andere lexikalische Elemente, die sonst nicht allein erkennbar wären, voneinander zu separieren. Sie haben ansonsten keine Auswirkung auf die Ausführung des Programms. Es gibt **Leerzeichen, Tabulatoren** sowie das **Zeilenende**. Leerzeichen und Tabulatoren helfen, ein Programm übersichtlich zu gestalten, indem man die einzelnen lexikalischen Elemente übersichtlich voneinander separiert, untergeordnete Programmteile einrückt und zusammengehörige Programmzeilen in derselben Spalte beginnen läßt. Das Zeilenende schließt eine Zeile ab; danach muß eine neue Zeile mit einer neuen Zeilennummer oder das Programmende kommen. Für das Zeilenende gibt es auf der Tastatur meist eine Spezialtaste (Enter- oder Return-Taste bzw. Endemarke).

I.3 Variablen, Werte und Ausdrücke (Abschn. 8 u. 9)

Programme klassischer Programmiersprachen wie BASIC dienen vorwiegend der Verarbeitung textartiger und numerischer Daten. Dies sind in BASIC Zeichen und Zeichenketten bzw. Ganzzahlen und Realzahlen oder Reihungen davon. Um die Datenobjekte manipulieren, vergleichen, berechnen, ein/ausgeben und anderswie verknüpfen zu können, benötigen wir Variablen. Das sind im Programm angegebene und mit bestimmten Namen oder Zugriffsvorschriften versehene Behälter. Beim Start des Programms werden diese Behälter im Speicher des Rechners angelegt; ihr Wert ist noch undefiniert. Während des Ablaufs werden Variablen mit gewissen Werten gefüllt bzw. überspeichert. In numerischen Ausdrücken, das sind Gebilde aus Variablen, Konstanten und Operatoren, werden die Werte verknüpft, um neue Werte zu gewinnen. Der Name einer Variablen steht dann für deren Wert.

In Elementar-BASIC gibt es folgende Klassen von **Variablen**:

a) Einfache numerische Variablen

Einfache numerische Variablen werden durch einen einfachen Großbuchstaben oder durch einen Großbuchstaben, gefolgt von einer Ziffer, dargestellt. Die Vereinbarung findet (implizit) durch ihre erste Verwendung statt. Jede solche Variable ist automatisch eine numerische, also ganzzahlige oder realzahlige Variable, die, absolut gesehen, Werte zwischen dem Zahlendarstellungs-Maximum und -Minimum annehmen kann. Wird durch eine Operation, z.B. Addition, eine dieser Grenzen überschritten, so wird eine Fehlermeldung (Laufzeitausnahme) hervorgerufen.

Beispiele für Variablennamen: A, A0, B1, X, Y usw.

b) Zeichenkettenvariablen

Zeichenkettenvariablen werden durch einen Buchstaben, gefolgt von einem Dollarzeichen, benannt. Sie können nur Zeichenketten, das sind Folgen von 0 bis maximal 18 Zeichen, aufnehmen. Diese Zeichenanzahl definiert die implizite Länge der Zeichenkettenvariablen. Eine numerische Variable ist verschieden von einer Zeichenkettenvariablen, deren Name mit demselben Buchstaben beginnt.

Einführung I.3 Variablen, Werte und Ausdrücke

Beispiel: Die numerische Variable S enthalte die Zahl 4711, die Zeichenkettenvariable S$ enthalte die Zeichenkette "HANS HAT HOSEN AN"

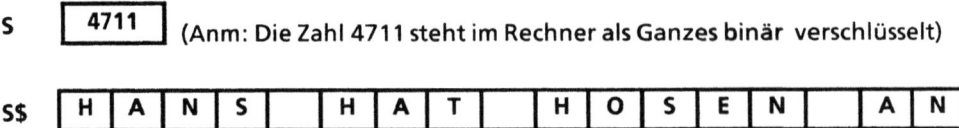

S | 4711 | (Anm: Die Zahl 4711 steht im Rechner als Ganzes binär verschlüsselt)

S$ | H | A | N | S | | H | A | T | | H | O | S | E | N | | A | N |

(Anm: jedes Zeichen wird intern durch seinen binären Codewert verschlüsselt)

c) Indizierte Variablen (Reihungselemente)

Unter einer Reihung verstehen wir ein ein- oder zweidimensionales Feld (Vektor, Array, Matrix) von gleichartigen numerischen Variablen, die keinen eigenen Namen haben. Jede dieser Variablen wird über den Namen der beherbergenden Reihung zusammen mit einer Numerierung angesprochen, die die genaue Stelle des Elements in der Reihung bestimmt und in Klammern unmittelbar hinter dem Reihungsnahmen stehen muß. Die Nummer der angesprochenen Spalte bzw. Zeile nennen wir Index. Da es ein- oder zweidimensionale Reihungen gibt, können zur Indizierung ein oder zwei (dann durch Komma getrennte) numerische Ausdrücke angegeben werden, deren Wert innerhalb der durch die Reihung vorgegebenen Grenzen liegen muß. Realzahlige Indizes werden vom BASIC-System auf die nächstliegende Ganzzahl gerundet. Die Namen von Ganzzahlvariablen, eindimensionalen und zweidimensionalen Reihungen dürfen nicht mit demselben Buchstaben beginnen.

Beispiele: A(5)
             B(1,6)   (Das sechste Element in der ersten Reihe)
             F(X, X + Y/2) (Hier werden eine Variable und ein Ausdruck als
                            Indizes verwendet)

Anmerkung: Reihungen können implizit durch Verwendung indizierter Variablen angelegt werden. Dann ist die Untergrenze für die Spalten- und Zeilennumerierung 0, die Obergrenze 10. Eine eindimensionale Reihung enthält also 11 Elemente, eine zweidimensionale 11 * 11, also 121 Elemente. Durch die OPTION-Anweisung (Abschn. I.5) kann die Untergrenze auf 1 heraufgesetzt werden. Dann bekommen wir 10 bzw. 100 Elemente.

Einführung I.3 Variablen, Werte und Ausdrücke

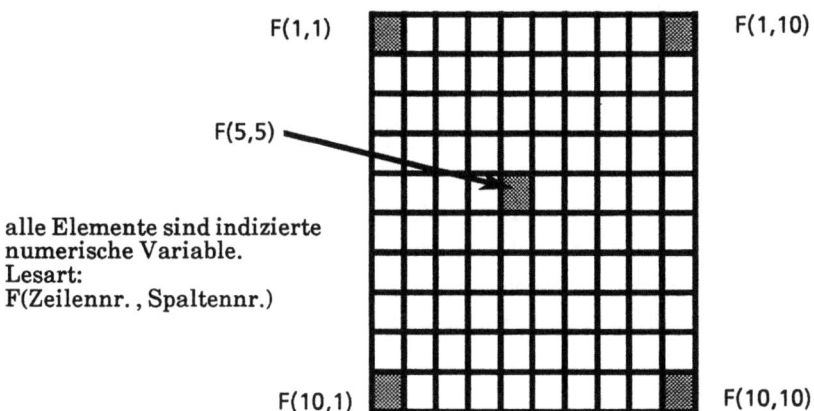

Beispiel: Reihung F mit
10 x 10 Elementen

F(1,1)   F(1,10)

F(5,5)

alle Elemente sind indizierte
numerische Variable.
Lesart:
F(Zeilennr. , Spaltennr.)

F(10,1)   F(10,10)

Zur Vereinbarung größerer oder kleinerer, sowie "rechteckiger" Reihungen gibt es die **DIMENSION**-Anweisung. Diese gestattet es, mit einem Male mehrere ein- oder zweidimensionale Reihungen mit beliebigen Obergrenzen zu vereinbaren. Siehe Abschnitt "Anweisungen".

- **Ausdrücke**

Numerische Ausdrücke dienen zur Berechnung von Werten. Sie sind textlich gesehen Folgen von Werten (numerischen Konstanten oder Variablen), verknüpft durch arithmetische Operatoren. Als Operatoren stehen

- die Summationsoperatoren   +   -   (niedrigste Priorität)
- die Multiplikationsoperatoren *   /   (mittlere Priorität)
- der Exponentiationsoperator   ^   (höchste Priorität)

zur Verfügung; zur Zusammenfassung können Ausdrücke geklammert werden. Wenn mehrere Werte und Operatoren aufeinanderfolgen, so ist der Vorrang der Operationen von Wichtigkeit. Deshalb werden Ausdrücke je nach Beschaffenheit der Operatoren weiter strukturiert und man erkennt die Reihenfolge der Auswertung an der Zerlegung. Gleichberechtigte Operatoren werden von links nach rechts abgearbeitet.

Einführung I.3 Variablen, Werte und Ausdrücke

Numerische Ausdrücke haben die Form

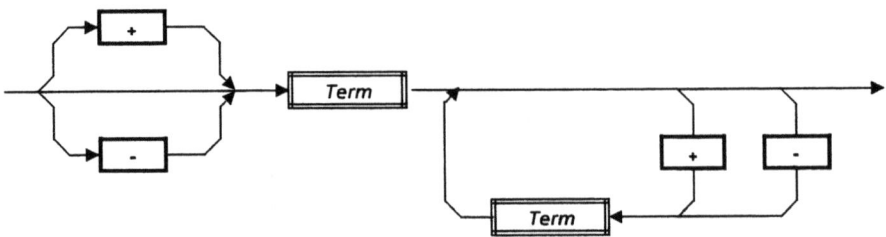

Zunächst wird der erste Term vom System komplett ausgerechnet; dann wird das optionale Vorzeichen darauf angewendet. Nach Berechnen des nächsten Terms (wenn vorhanden) wird dieser über den Summationsoperator mit dem ersten verknüpft. Das Ergebnis steht nun zur Weiterverwendung bereit. Terme sind die Bausteine von Ausdrücken.

Beispiele: - 3 + 6
 X - Y + Z   (ist dasselbe wie (X - Y) + Z)
 Z
 +1.5

Beachte: Auch ein einfacher Term, z.B. Z oder +1.5 ist also schon ein Ausdruck, der einen Wert ergibt.

Terme haben die Form

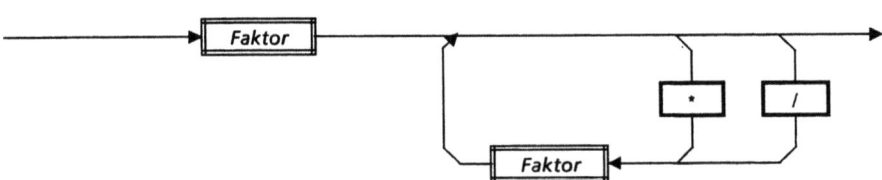

Ein Term besteht i.a. aus zwei oder mehreren Faktoren, die durch Multiplikation oder Division miteinander verknüpft sind. Auch ein Faktor allein ist schon ein Term. Bevor multipliziert oder dividiert wird, werden die beteiligten Faktoren komplett ausgerechnet. Aufgrund der Berechnung von links nach rechts ist A * B / C dasselbe wie (A * B) / C.

Einführung I.3 Variablen, Werte und Ausdrücke

Faktoren haben die Form

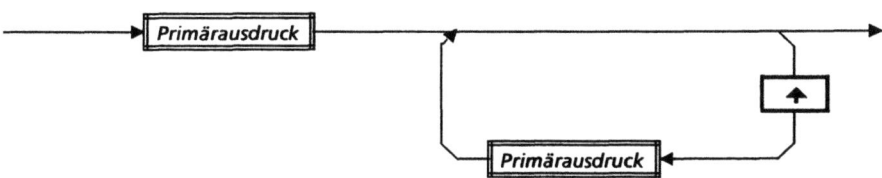

Ein Faktor ist entweder der Primärausdruck selbst oder eine Potenz, deren Exponent durch den vorausgehenden Potenzpfeil (Dach) gekennzeichnet ist. Hier gilt wiederum: A ^ B ^ C ist dasselbe wie (A ^ B) ^ C. Da Potenzbildung den höchsten Vorrang von den anderen Operationen hat, wird sie immer als erstes mit ihren Argumenten ausgeführt. Faktoren sind die Bausteine von Termen, ebenso wie Primärausdrücke die Bausteine vonn Faktoren sind.

Beispiel: -A ^ 3 ist dasselbe wie - (A ^ 3). Wenn ich -A in die dritte Potenz erheben will, so muß ich es in runde Klammern setzen: (-A)^3.

Anmerkung: 0 ^ 0 ergibt immer 1.

Primärausdrücke haben die Form

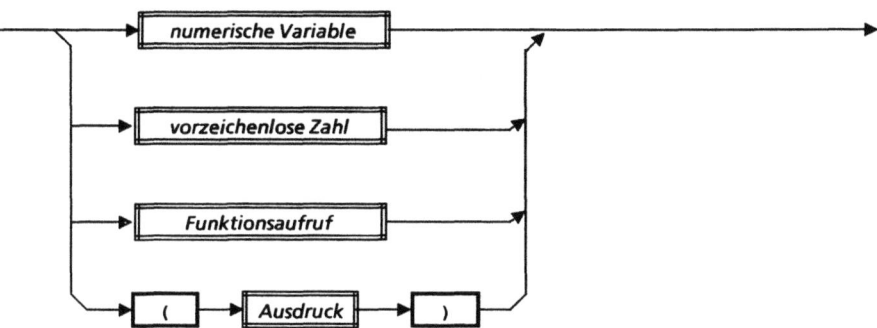

Man erkennt, daß ein Primärausdruck wiederum ein in Klammern gesetzter Ausdruck sein kann. Die Klammern setzen sich gegenüber allen Operatoren durch und führen zunächst zum Ausrechnen ihres Inhalts. Wegen des Funktionsaufrufs siehe Abschnitt I.5: Funktionen.

Einführung I.3 Variablen, Werte und Ausdrücke

Aufgabe: Welchen Wert ergibt gemäß dem bisher gesagten folgender Ausdruck?

(2 * 2 + 3) ˆ 4 - 1 + 12 * (2 * 2 + 4) + 4   (siehe auch Abschnitt 1.4.2)

Arithmetische Operationen, ihre Operanden und ihre Ergebnisse

Operator	Operation	Typ der Operanden	Typ des Ergebnisses
+	Addition	Ganzzahl	Ganzzahl, wenn beide
-	Subtraktion	oder	Operanden ganzzahlig,
*	Multiplikation	auch	sonst Realzahl.
/	Division	Realzahl	Realzahl
ˆ	Potenzierung	dito	wie Addition

I.4 Funktionen und Funktionsaufrufe

I.4.1 Standardfunktionen (Abschn. 10)

Elementar-BASIC stellt für die Berechnung häufig vorkommender mathematischer Funktionen einen Satz sogenannter Standardfunktionen bereit. Dies sind vordefinierte (fest ins BASIC-System eingebaute) Unterprogramme, deren Name für alle BASIC-Systeme einheitlich ist. Sie werden i.a. mit einem Argument aufgerufen und liefern als Ergebnis einen Wert zurück, der aus dem Argument berechnet wurde. Funktionsaufrufe sind Ausdrücke bzw. Bestandteile davon (Primärausdrücke). Den berechneten Ergebniswert hat man sich dort vorzustellen, wo der Funktionsaufruf steht. So liefert z.B.

　　　5 * SQR(ABS(-9))

den Wert 15 an der Stelle, wo dieser Ausdruck im Programm steht. In dem Ausdruck sind übrigens zwei Funktionsaufrufe, die Quadratwurzel SQR und der Absolutbetrag ABS, ineinander geschachtelt.

Tabelle der mathematischen Funktionen mit Argumenten und Ergebnissen

Funktion	Funktionswert
ABS (X)	Absolutbetrag von X
ATN (X)	Arkus Tangens von X im Bogenmaß
COS (X)	Kosinus von X mit X im Bogenmaß angegeben
EXP (X)	e hoch X
INT (X)	Die größte Ganzzahl kleiner oder gleich X
LOG (X)	Der natürliche Logarithmus von X (X muß > 0 sein)
RND	Eine Pseudo-Zufallszahl im Bereich von 0 bis 1
SGN (X)	Das Vorzeichen von X: -1 bei X < 0; 1 bei X > 0; 0 sonst
SIN (X)	Der Sinus von X mit X im Bogenmaß angegeben
SQR (X)	Die nichtnegative Quadratwurzel von X; X nicht negativ!
TAN (X)	Der Tangens von X mit X im Bogenmaß angegeben

Einführung I.4 Funktionen und Funktionsaufrufe

I.4.2 Benutzerdefinierte Funktionen (Abschn.11)

Wenn der Programmierer an verschiedenen Stellen in einem BASIC-Programm immer wieder dieselben (komplexen) Ausdrücke hinschreiben muß, erwächst der Wunsch, einen Ausdruck nur einmal zusammen mit einem Namen und vielleicht einem Parameter (*Formal*parameter, der ein Platzhalter für einen späteren *Aktual*parameter ist) zu definieren, und künftig, wenn der Ausdruck in weiteren Anweisungszeilen gebraucht wird, nur noch den Namen zu verwenden und aktuelle Werte für den Paramter einzusetzen. Die Ausdrucksberechnung wird dann, beim Erkennen des Namens, durch das BASIC-System übernommen. Dies ist das Prinzip der Unterprogrammtechnik. Unterprogramme in BASIC sind benutzerdefinierte Funktionen mit maximal einem Parameter, die dort, wo sie aufgerufen werden, einen Wert zurückliefern.

- **Funktionsdefinition**

Definition einer Funktion findet in einer **DEF**-Anweisung statt.

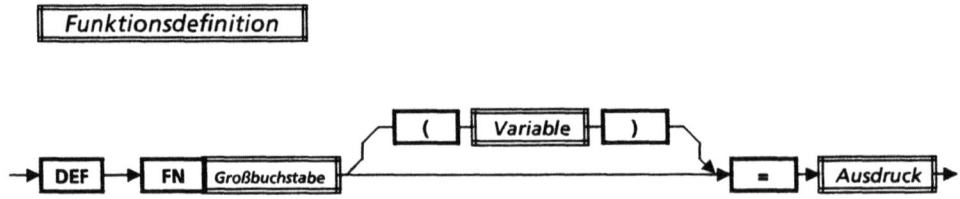

- **Funktionsaufruf**

Der Funktionsaufruf ist das Hinschreiben des Funktionsnamens, ggf. zusammen mit einer Aktualparameterliste, an der Stelle, an der auch ein gewöhnlicher numerischer Wert (Variable, Konstante oder Ausdruck) stehen könnte. Falls in der Definition der Funktion ein Formalparameter angegeben war, muß beim Aufruf ein Aktualparameter angegeben sein, das ist im allgemeinen Falle ein Ausdruck, der einen Wert ergibt.
Siehe die Beispiele auf der nächsten Seite!

Einführung I.4 Funktionen und Funktionsaufrufe

Beispiele für Definition und Aufruf:

DEF FNF (X) = X ˆ 4 - 1   Aufruf z.B. ...FNF (3)..... ergibt 80

DEF FNA (X) = A * X + B   Aufruf z.B. ...FNA (3)..... ergibt A * 3 + B

DEF FNX (X) = FNF(X + 3) + FNA(X + 4)

DEF FNK = 2   sei A = 12 und B = 4
                                     Aufruf z.B. ...FNX (FNK * 2).... ergibt 1500

DEF FNP = 3.14159   Aufruf   ...FNP...... ergibt 3.14159

Anmerkung 1: Wie man am dritten Beispiel sieht, kann man mit der Möglichkeit, parameterlose Funktionen als Konstante zu definieren, eine Art Konstantendefinition einführen. Überall, wo ich den Wert 3.14159 im Programm brauche, schreibe ich stattdessen FNP, und der vereinbarte Wert wird beim Ablauf automatisch eingesetzt. Wenn ich dann den Wert 3.14159 einmal ändern will, so mache ich das nur an zentraler Stelle in der FNP-Definition, und überall propagiert sich automatisch der richtige Wert. Dieser Vorteil war Hauptanlaß für die Einführung von Konstantendefinitionen in höheren prozeduralen Sprachen.

Anmerkung 2: Die Definition einer Funktion muß im Programm textlich vor ihrer ersten Verwendung in einem Ausdruck stehen, also in einer Zeile mit niedrigerer Zeilennummer; vorher ist sie unbekannt. Der Funktionsname darf nur einmal im ganzen Programm vereinbart werden. Die Funktion darf in ihrem Inneren beliebige Konstanten, Variablen, Funktionsaufrufe verwenden. Es gibt nur numerische Funktionen.

Anmerkung 3: Der Parameter ist immer eine numerische Variable und muß beim Aufruf mit einem numerischen Wert versorgt werden.

I.5 Anweisungen

I.5.1 Allgemeines

Das Ziel eines BASIC-Programms ist es, nach einer gewissen Vorschrift, einem *Algorithmus*, Daten zu verarbeiten, um gewünschte Ergebnisse zu produzieren. Dieser Algorithmus wird durch die Anweisungen des Programms realisiert. Anweisungen werden normalerweise sequentiell hintereinander (gemäß aufsteigender Zeilennummer) abgearbeitet, wenn diese Vorgehensweise nicht durch spezielle Anweisungen (z.B. GOTO) durchbrochen wird. Es gibt *einfache Anweisungen*, die eine gewünschte einfache Tätigkeit ausführen; sowie *strukturierte Anweisungen*, die in ihrem Inneren weitere Anweisungen enthalten oder zumindest adressieren, deren Einsatz sie nach gewissen Vorschriften steuern (z.B. die FOR-Anweisung). Es gibt *Steueranweisungen*, die, z.B. in Abhängigkeit von gewissen Ereignissen, den Ablauf des Algorithmus beeinflussen. Es gibt Anweisungen zur *Ein- und Ausgabe* (E/A) von Daten sowie Anweisungen, die *Vereinbarungen* sowie *Initialisierungen* von Reihungen vornehmen. Weiterhin gibt es sog. *Direktiven*, die bestimmte Parameter des BASIC-Systems steuern. Wenn eine gewisse Gruppe von Anweisungen in einem Programm an sehr vielen Stellen gebraucht wird, man sie also textlich mehrfach hinschreiben müßte, ist eine einfache *Unterprogramm-* (Subroutinen-) *Technik* mittels GOSUB und RETURN möglich. Wenn in Anweisungen (z.B. Steueranweisungen) Zeilennummern referiert werden, die nicht im Programm stehen, so wird ein Fehler gemeldet. Zunächst zeigen wir auf der nächsten Seite eine Übersicht aller Anweisungen.

Einführung I.5 Anweisungen

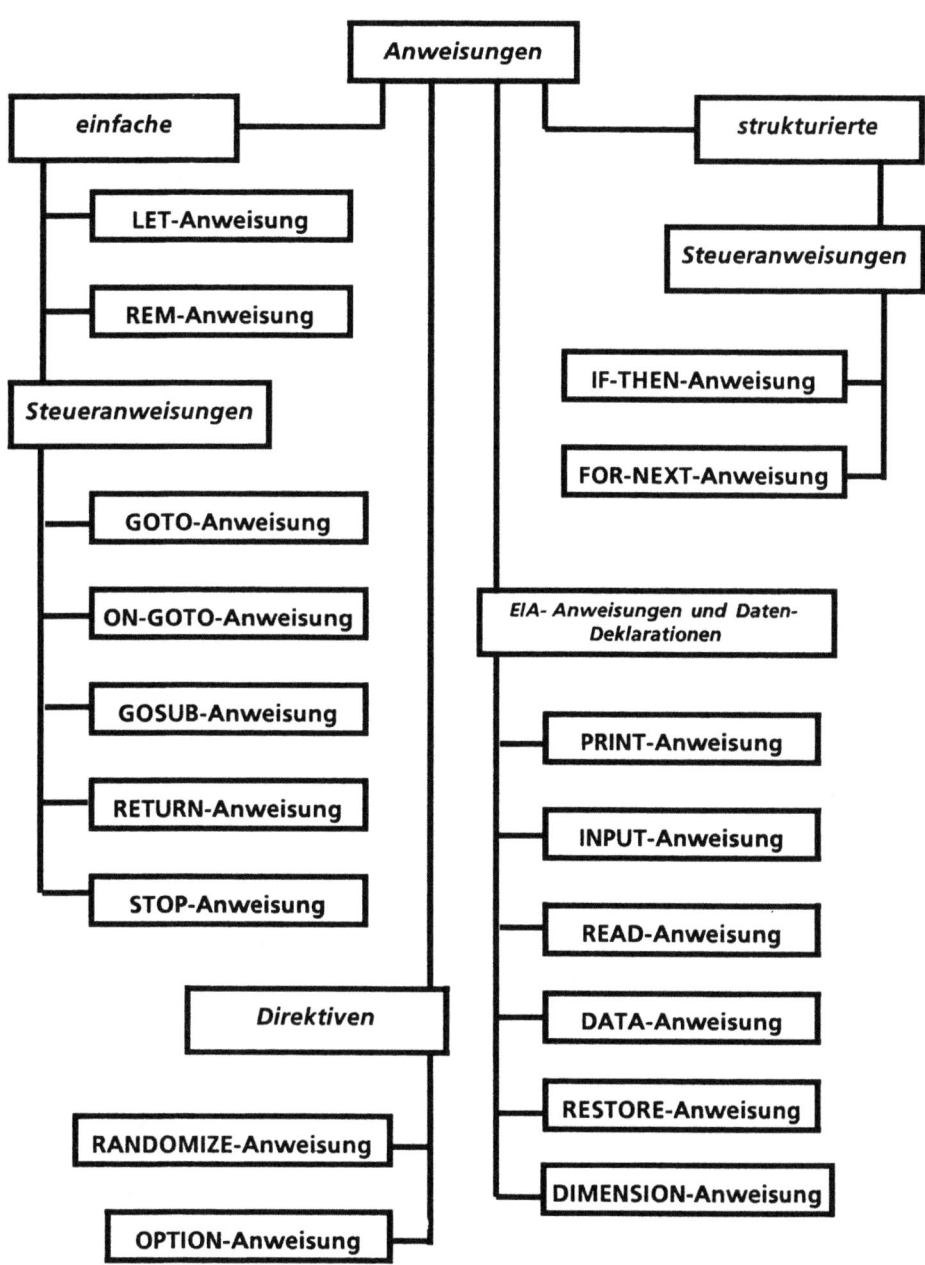

Abbildung: Anweisungen in Elementar-BASIC

I.5.2 Einfache Anweisungen

Es gibt in Elementar-BASIC nur eine einfache Anweisung zur Manipulation von Daten; dies ist die LET-Anweisung. Es folgt die REM-Anweisung, mit der Kommentare im Programmtext vermerkt werden. Die restlichen einfachen Anweisungen dienen zur Ablaufsteuerung des Programms und werden *einfache Steueranweisungen* genannt.

- **Die LET-Anweisung (Abschn. 12)**

Die LET-Anweisung, auch Zuweisung genannt, *läßt* eine bestimmte Variable einen in der LET-Anweisung vorgegebenen Wert annehmen. Dieser Wert wird durch einen Ausdruck bestimmt, der bei der Abarbeitung der LET-Anweisung berechnet wird.

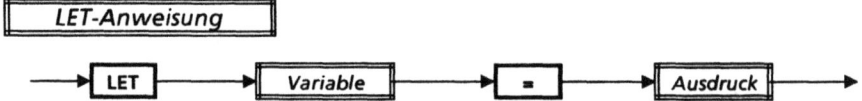

Ist die Variable eine numerische Variable (eine einfache numerische Variable oder ein Element einer numerischen Reihung), so muß der Ausdruck ein numerisches Ergebnis liefern. Ist sie eine Zeichenkettenvariable, muß der Ausdruck eine Zeichenkette liefern.

Beispiele: LET P = 3.14159
              (P soll den realzahligen Wert 3.14159 annehmen)

              LET S(X,Y) = X + Y
              (Das Reihungselement von S in Zeile X und Spalte Y bekommt als Wert die Summe der Zeilen- und Spaltennummer)

              LET A$ = "MAX UND MORITZ"
              (Die Zeichenkettenvariable A$ erhält den Wert "MAX UND MORITZ")

              LET B$ = A$
              (Die Zeichenkettenvariable B$ erhält denselben Wert, wie A$)

Anmerkung: Tritt eine Variable sowohl auf der rechten als auch auf der linken Seite des Gleichheitszeichens auf, so wird zuächst ihr alter Wert benutzt, um den Ausdruck auszurechnen. Erst dann bekommt sie mittels LET (links) den neuen Wert.
             Beispiel: LET X = X + 1

Einführung I.5 Anweisungen

• Die REM-Anweisung (Abschn. 20)

Die REM-Anweisung (remark = Kommentar) dient zum Einstreuen von Kommentaren des Programmierers in den Programmtext. Kommentare sollen jemandem, der das Programm einmal lesen und vielleicht ändern will, helfen, es zu verstehen. Demgemäß sind die Kommentartexte mit Zeilennummern versehen und man schreibt sie jeweils an die "kritische" Stelle. Wichtig ist auch, daß z.B. am Anfang zusammengefaßt wird, was das Programm eigentlich macht. Die REM-Anweisung hat für die Abarbeitung des Programms keinerlei Bedeutung. Dies soll aber nicht ihren Wert schmälern; sinnvolle Kommentare gehören zu den wichtigsten Elementen eines guten Programms, denn die meiste Zeit bringen Programmierer mit dem Versuch zu, bereits geschriebene Programme zu verstehen.

Ein Kommentar endet ohne weiteren Begrenzer in der Zeile der REM-Anweisung. Er darf nicht in der nächste Zeile fortgesetzt werden; dann müßte eine neue REM-Anweisung geschrieben werden.

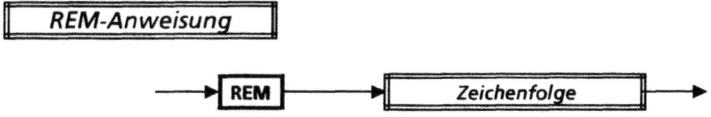

REM-Anweisung

I.5.3 Steueranweisungen

In BASIC werden die Anweisungen eines Programms linear mit aufsteigender Zeilennummer abgearbeitet. Durch Steueranweisungen kann diese Abarbeitungsreihenfolge durchbrochen werden; z.B. um eine schon abgearbeitete Anweisungsfolge noch einmal zu wiederholen (Rücksprung); um einige Anweisungen zu überspringen und danach weiterzumachen (Vorwärtssprung); um einzelne Anweisungen oder Anweisungsfolgen bedingt oder wiederholt abzuarbeiten. Diesem Ziel dienen die Anweisungen zur Ablaufsteuerung. Manchmal werden sie auch "Kontrollstrukturen" genannt, in fälschlicher Übersetzung des englischen Begriffs *control* (= Steuerung).

I.5.3.1 Einfache Steueranweisungen (Abschn. 13)

• **Die GOTO-Anweisung**

Die GOTO-Anweisung bewirkt, daß die Abarbeitung in der Programmzeile fortgesetzt wird, deren Zeilennummer in der GOTO-Anweisung angegeben ist. Diese kann vor oder nach der GOTO-Anweisung liegen. Wenn die GOTO-Anweisung betreten wird, so läßt sich der Sprung nicht mehr vermeiden. Man spricht daher von einer *unbedingten Sprunganweisung*.

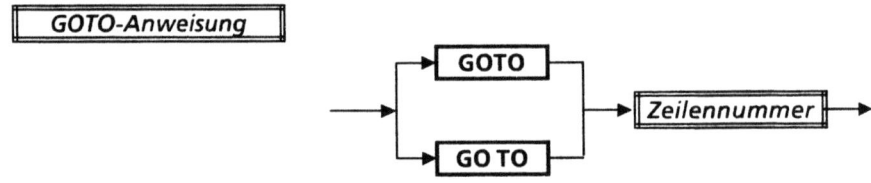

Beispiele: GOTO 999
GO TO 999

(beide sind äquivalent)

• **Die ON-GOTO-Anweisung (berechneter Sprung)**

Oft möchte man den Sprung in Abhängigkeit von gewissen Ereignissen mal zu dem einen, mal zu einem anderen Sprungziel ausführen. Zu diesem Zwecke gibt man alle

Einführung I.5 Anweisungen

infrage kommenden Sprungziele (Zeilennummern) nacheinander in der ON-GOTO-Anweisung an. Sie gelten nun als von links nach rechts durchnumeriert, beginnend bei 1. Welcher Sprung ausgewählt wird, der erste, zweite, dritte usw., ergibt sich aus dem Wert eines numerischen Ausdruckes, der in der ON-GOTO-Anweisung steht. Dieser wird zunächst ausgewertet, und, wenn er realzahlig ist, kaufmännisch auf die nächste Ganzzahl gerundet. Das Ergebnis muß nun 1 oder 2 oder 3 usw. betragen. Der Sprung benutzt dann die dieser Auswahl entsprechende Zeilennummer als Sprungziel.

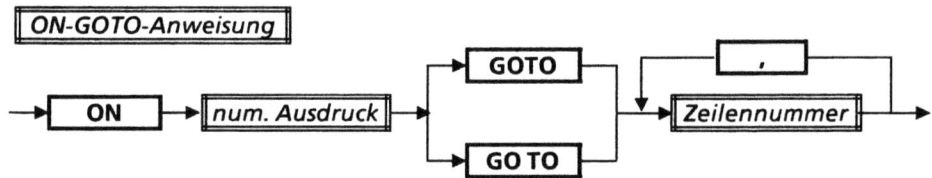

Beispiel:

```
.
.
1000   ON 4 / Y GO TO 2000, 3000, 4000
1010   PRINT "HALLO"
.
.
2000   PRINT "BUMM"
.
3000   PRINT "BAMM"
.
4000   PRINT "BIMM"
.
```

Y habe den Wert 3, dann gibt dieses Programmfragment die Zeichenkette "BUMM" aus. Wenn Y den Wert 2 besitzt, wird "BAMM" ausgegeben.

Anmerkung: Wenn der numerische Ausdruck auf einen Wert kleiner 1 oder größer als die Anzahl der Sprungziele führt, wird ein Laufzeitfehler ausgelöst. Zeile 1010 kann hier niemals von 1000 aus erreicht werden. Wohl aber könnte man von woanders dorthin springen.

Aufgabe: Bestimme die Wertebereiche für Y, damit jeweils BUMM, BAMM oder BIMM ausgegeben wird.

Einführung I.5 Anweisungen

• GOSUB- und RETURN-Anweisung

Mittels dieser Anweisungen wird die Unterprogrammtechnik in BASIC realisiert. Siehe dafür den Abschnitt I.6: Das Unterprogrammkonzept!

• Die STOP-Anweisung

Die STOP-Anweisung beendet des Programm, wenn sie betreten wird. Dies ist unabhängig davon, wo im Programm sie steht. Z.B. könnten nach der STOP-Anweisung noch beliebig viele Unterprogramme stehen, die mittels GOSUB-Sprüngen vor der STOP-Anweisung angesprungen werden und ihrerseits mit RETURN die Steuerung wieder zum Aufrufpunkt zurückgeben. Andererseits kann eine STOP-Anweisung auch innerhalb eines Unterprogramms auftreten, dann endet (ohne Rückkehr) der ganze Programmlauf in diesem Unterprogramm.

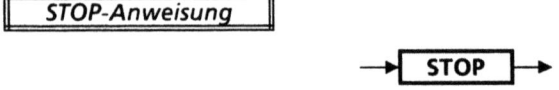

I.5.3.2 Strukturierte Steueranweisungen

Strukturierte Anweisungen unterscheiden sich von den einfachen dadurch, daß sie weitere Anweisungen in ihrem "Inneren" enthalten oder adressieren, deren Einsatz sie steuern. Es gibt in Elementar-BASIC zwei strukturierte Steueranweisungen; die IF-THEN-Anweisung für bedingte Ausführung und die FOR-NEXT-Anweisung für zählergesteuerte Ausführung. Aus Analogie zu höheren Programmiersprachen wurde die ON-GOTO-Anweisung nicht hierzu gezählt, obwohl sie ähnliche Funktionalität aufweist.

- **Die IF-THEN-Anweisung (Abschn. 13)**

IF... THEN bedeutet zu deutsch wenn...dann. Es wird also eine Tätigkeit, nämlich das Weiterarbeiten ab der (durch die Zeilennummer angegebenen) Anweisung, durch das Ergebnis einer (durch einen logischen Relations-Ausdruck angegebenen) Bedingung herbeigeführt oder verhindert. Wir nennen IF ...THEN eine **bedingte Anweisung**.

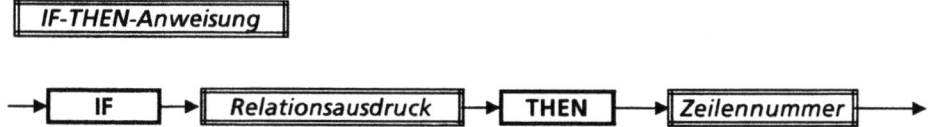

Wenn der Relationsausdruck "wahr" ergibt, dann wird als nächstes bei der durch Zeilennummer definierten Anweisung fortgefahren. Es gibt keine Rückkehr von dort (es sei denn explizit durch GOTO o.ä.). Wenn der Relationsausdruck "falsch" ergibt, so wird die Zeilennummer ignoriert, und in der auf die IF-Anweisung folgenden Zeile weitergemacht.
Nun muß noch definiert werden, was ein Relationsausdruck ist.

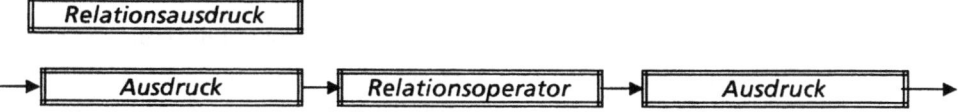

Ein Relationsausdruck ist ein Ausdruck, in dem zwei Unterausdrücke mittels eines Relationsoperators verglichen werden. Als Ergebnis dieses Vergleichs kommt im Gegensatz zu "normalen" Ausdrücken, bei denen das Ergebnis numerisch oder ein Zeichenkettenwert ist, ein sog. Wahrheitswert, nämlich **wahr** oder **falsch** heraus. Dieser Wahrheitswert wird für die weitere Verarbeitung der IF - THEN - Anweisung verwendet.

Einführung I.5 Anweisungen

In Elementar-BASIC sind für Zeichenketten- und numerische Werte eine Reihe von Relationsoperatoren definiert.

Operator	Operation	Typ beider Operanden
=	gleich	numerischer Ausdruck/Zeichenkettenausdruck
< >	ungleich	numerischer Ausdruck/Zeichenkettenausdruck
>	größer	numerischer Ausdruck
<	kleiner	numerischer Ausdruck
> =	größer gleich	numerischer Ausdruck
< =	kleiner gleich	numerischer Ausdruck

Relationsoperatoren und ihre Operanden

Beispiel:
.
.
```
1000   REM ES SOLL DIE ZAHL 77 ERRATEN WERDEN
1010   PRINT "BITTE GIB EINE ZAHL ZWISCHEN 1 UND 100 EIN"
1020   INPUT X
1030   IF X < > 77 THEN 1010
1040   PRINT "ENDLICH RICHTIG GERATEN"
```
.
.

Anmerkung: In anderen höheren Programmiersprachen gibt es nicht nur den THEN-Zweig, der bei Erfüllung der Bedingung abgearbeitet wird, sondern auch noch einen ELSE-Zweig, der bei Nichterfüllung der Bedingung in Kraft tritt.
Die Anweisungsnummer in der IF-THEN-Anweisung muß im selben Programm vorhanden sein. Ebenso müssen im Relationsausdruck zwei "vergleichbare" Werte miteinander verglichen werden, also nicht etwa Äpfel mit Birnen (Zahlen mit Zeichenketten).

Einführung I.5 Anweisungen

• Die FOR - NEXT - Anweisung (Abschn. 14)

Häufig muß in einem Programm eine Tätigkeit mehrere Male wiederholt werden. Zum Beispiel wollen wir aus sämtlichen numerischen Elementen einer eindimensionalen Reihung die größte Zahl bestimmen. Dazu müssen wir (von unten bis oben) jedes Element der Reihung mit dem (anfangs kleinen) Wert einer Vergleichsvariablen vergleichen, und diesen, falls das Reihungselement größer ist, durch dasselbe ersetzen. Wenn wir am Ende der Reihung angelangt sind, muß die Vergleichsvariable den Wert des größten Reihungselements besitzen. Für solche wiederholten Tätigkeiten, bei denen Anfangspunkt und Endpunkt der Wiederholung zum Zeitpunkt des Beginns schon bekannt sind, dient die FOR-NEXT-Anweisung. Da sie durch eine Variable, die sogenannte *Zählvariable*, gesteuert wird (ggf. zusammen mit einer Schrittweite), nennen wir sie eine **zählvariablengesteuerte Wiederholungsanweisung**.
Die FOR-NEXT-Anweisung besteht aus zwei Teilen, der FOR-Anweisung in der FOR-Zeile und der NEXT-Anweisung in der NEXT-Zeile. Die FOR-Zeile beginnt, die NEXT-Zeile beendet die FOR-NEXT-Anweisung. Beide gehören zusammen; die Zusammengehörigkeit wird durch die den beiden gemeinsame Zählvariable manifestiert. Es darf keine NEXT- ohne dazugehörige FOR-Zeile geben und umgekehrt.
Zwischen der FOR- und der NEXT-Zeile liegt der sog. *Block*; das ist die Folge der Anweisungszeilen, die durch die FOR-NEXT-Anweisung gesteuert werden. Der Block zusammen mit der NEXT-Zeile wird auch der *FOR-Rumpf* genannt. Im Block dürfen alle möglichen Anweisungen, also z.B. auch wieder (vollständig eingeschachtelte) FOR-NEXT-Anweisungen stehen. Syntaktisch heißt die FOR-NEXT-Anweisung zusammen mit allen umfaßten Anweisungszeilen auch *FOR-Block*.
Es folgt ein schematischer Überblick sowie die Syntax der FOR-NEXT-Anweisung:

FOR *Zählvariable = Anfangswert* TO *Endwert* [STEP *Schrittweite*]
:
Block
:
NEXT *Zählvariable*

Anmerkung: Die Schrittweite bestimmt, in welchen Intervallen die Zählvariable herauf- oder heruntergesetzt wird.

Einführung I.5 Anweisungen

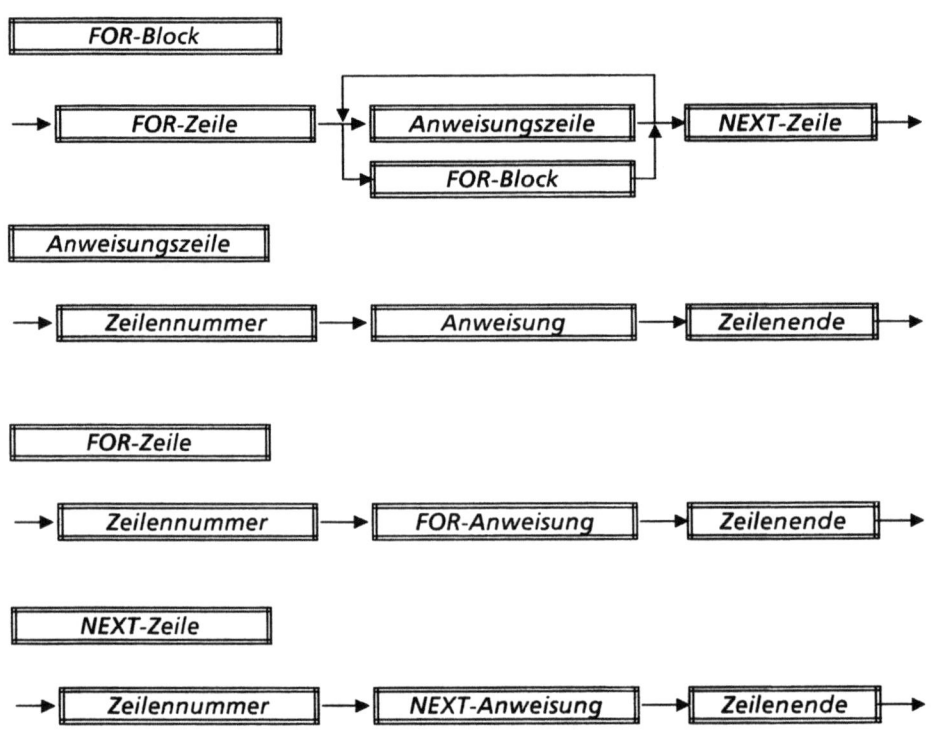

Es folgen nun die Syntaxdiagramme für die eigentliche FOR-NEXT-Anweisung.

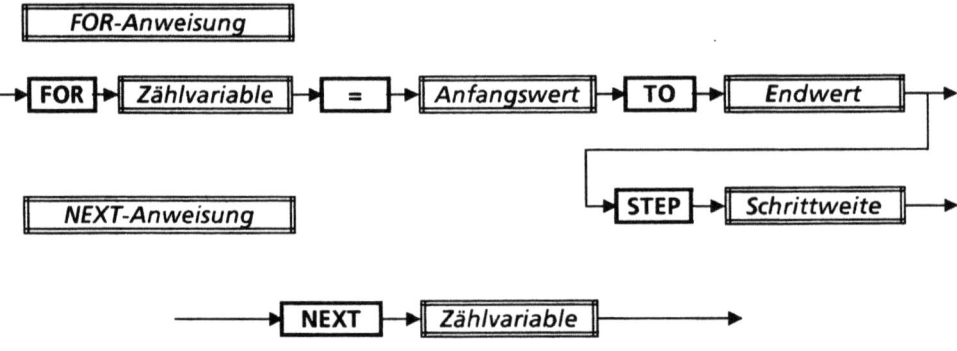

Einführung I.5 Anweisungen

Hier muß noch einiges zu den Größen Zählvariable, Anfangswert, Endwert und Schrittweite gesagt werden:
- Zählvariable muß eine einfache numerische Variable sein.
- Anfangswert, Endwert und Schrittweite (optional) müssen numerische Ausdrücke sein, deren Wert spätestens beim Betreten der FOR-Anweisung berechnet werden kann.

Wir wollen nun die Abarbeitung der FOR-NEXT- Konstruktion diskutieren.
Beim Betreten der FOR-Anweisung werden Anfangswert und Endwert berechnet. Sie begrenzen die Anzahl der Wiederholungen. Wenn ein Schrittweitenausdruck angegeben ist, wird auch dieser berechnet. Dann wird die Zählvariable auf den Anfangswert gesetzt. Mit diesem Wert werden die zwischen FOR und NEXT eingeschachtelten Anweisungszeilen durchlaufen, wobei sie den jeweiligen Wert der Zählvariablen benutzen. Sobald die dazugehörige NEXT-Anweisung erreicht ist, wird die Steuerung an die FOR-Anweisung zurückgegeben. Diese erhöht den Wert der Zählvariablen um 1 (bzw. ändert ihn, wenn vorhanden, um die berechnete Schrittweite). Es wird getestet, ob die Zählvariable den Endwert schon über-, bzw. wenn von oben nach unten gezählt wird, unterschritten hat. Wenn nicht, so wird der Block mit dem neuen Wert der Zählvariablen erneut durchlaufen usw. Wenn der Endwert über-/unterschritten wurde, so erhält die nach der NEXT-Zeile folgende Anweisung die Steuerung. Anfangswert, Endwert und Schrittweite dürfen sowohl ganz- als auch realzahlig sein. Dadurch kommen implementierungsabhängige Aspekte hinein, etwa die Genauigkeit der Realzahlen. Am sinnvollsten ist es, die FOR-NEXT-Anweisung nur mit ganzzahliger Zählung zu betreiben.
Nun wollen wir beispielhaft die oben erwähnte Aufgabe lösen. Sei A eine eindimensionale Reihung mit den zehn Komponenten A(0)..A(9), die allesamt verschiedene Werte zwischen 1 und 100 enthalten. Wir wollen die Aufgabe noch etwas abwandeln, nämlich die Reihungselemente von oben nach unten mit einer Schrittweite von -1 durchprobieren, um auch die Schrittweitenklausel zu demonstrieren.:

13	57	17	59	29	73	31	87	41	11
A(0)	A(1)	A(2)	A(3)	A(4)	A(5)	A(6)	A(7)	A(8)	A(9)

```
1000   LET V = 0
1010   FOR I = 9 TO 0 STEP -1
1020   IF V > A(I) THEN 1040
1030   LET V = A(I)
1040   NEXT I
1050   PRINT "DAS GROESSTE ELEMENT IST ", V
```

Anmerkungen: 1) Wie schon gesagt, dürfen sich FOR-Blöcke nicht überlappen, d.h. wenn in einem FOR-Block ein anderer steht, so muß dessen NEXT-Anweisung vor der NEXT-Anweisung des äußeren FOR-Blocks kommen.
2) Geschachtelte FOR-Blöcke müssen unterschiedliche Zählvariablen besitzen.
3) Die Zählvariablen äußerer FOR-Blöcke dürfen durchaus zur Berechnung von Anfangs/Endwert bzw. Schrittweite innerer FOR-Blöcke sowie anderen Tätigkeiten benutzt werden, wenn sie nicht verändert werden.
4) Wenn Anfangs- bzw. Endwert gleich sind, so werden die Anweisungen im Block genau 1 mal ausgeführt; wenn Anfangs- bzw. Endwert von vornherein keinen "Schritt" zulassen, so überhaupt nicht.
(Bsp: FOR I = 10 TO 5 oder FOR I = 5 TO 10 STEP -1)
5) Von außen darf nicht in das Innere eines FOR-Blockes hineingesprungen werden (es sei denn als Rücksprung von einem Unterprogramm). Innerhalb des FOR-Blockes darf allerdings beliebig hin und her gesprungen werden.
6) Nach Abarbeitung der FOR-NEXT-Anweisung hat die (als "normale" Variable weiterexistierende) Zählvariable den Wert, der zum Beenden führte, mit dem also die FOR-Anweisung gerade nicht mehr durchlaufen wurde. Wird der FOR-Block mittels eines Sprunges verlassen, so hat sie den gerade aktuellen Wert.

I.5.4 Ein/Ausgabe-Anweisungen und Daten-Deklarationen

Die Ein/Ausgabe-Anweisungen PRINT und INPUT dienen zum Dialog des laufenden BASIC-Programmes mit dem Benutzer. Mittels INPUT kann das Programm vom Eingabemedium in Textform eingegebene Daten einlesen, mit denen es dann Ergebnisse berechnet oder seinen Programmlauf unterwegs modifiziert. Andererseits kann es mittels PRINT Ergebnisse ausgeben oder den Benutzer zur weiteren Eingabe von Daten auffordern. Ein gutes Programm sagt immer, was es haben will, bevor es eine Eingabe anfordert.
Mittels der DATA-Anweisung kann man in einem Programm eine Folge von Datenobjekten (Zahlen, Zeichenketten) vereinbaren, die dann mit der READ-Anweisung intern hintereinander "gelesen" werden, ohne sie aber dabei zu "verbrauchen". Mittels RESTORE wird wieder auf den Anfang dieser Folge positioniert, und die Datenelemente können erneut gelesen werden.
Die DIMENSION-Anweisung dient zum Vereinbaren ein- und zweidimensionaler Reihungen, deren Elementanzahl von der in BASIC vorgegebenen (10 bzw. 100) abweicht.

Einführung I.5 Anweisungen

• Die PRINT-Anweisung (Abschn. 15)

Die PRINT-Anweisung dient zur textlichen Ausgabe von im Programm generierten Werten auf das Ausgabemedium, meistens den Bildschirm. Es ist möglich, mittels einer PRINT-Anweisung mehrere durch Komma oder Semikolon getrennte Elemente auszugeben. Es entsteht eine Ausgabezeile, über die ein Rahmen von gleichlangen Ausgabezonen gelegt ist. Diese dienen, wenn gewünscht, zur einheitlichen Tabellierung der Ausgabeelemente. Die Ausgabezeile hat eine feste, durch die Implementierung vorgegebene Maximallänge. Mehrere PRINT-Anweisungen können zum Aufbau nur einer Ausgabezeile benutzt werden.

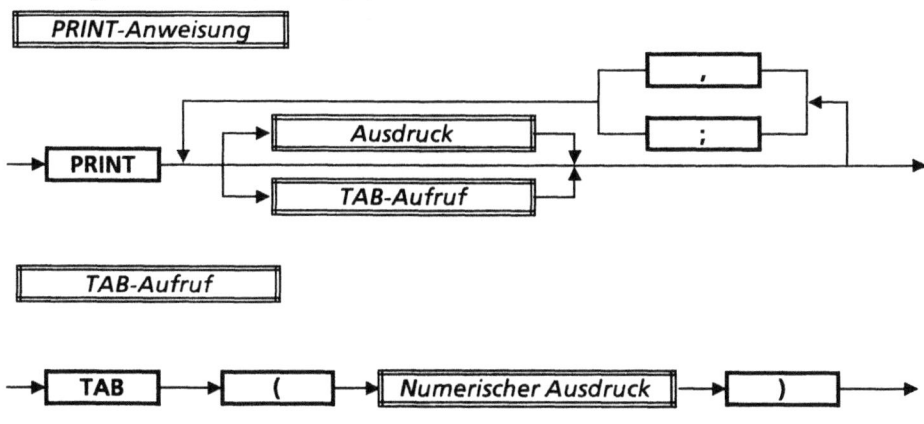

Beispiele: PRINT X   (gib den Wert von X in einer Zeile aus)
            PRINT X,Y,Z   (Ausgabe der Werte von X, Y, Z)
            PRINT ,,, X   (der Wert von X in der vierten Ausgabezone)
            PRINT   (nur ein Zeilenvorschub)
            PRINT X; (Y + Z)/2   (Ausgabe zweier numerischer Werte)
            PRINT TAB(10); A$;"IST ERLEDIGT"   (Zeichenketten A$ und "IST ERLEDIGT" ab Pos. 10)

Wie aus dem Syntaxdiagramm ersichtlich, enthält eine PRINT-Anweisung im allgemeinen Falle eine Folge von numerischen oder Zeichenketten-Ausdrücken sowie Tabulator-Positionen, getrennt durch die Begrenzer Komma oder Semikolon. Wenn hinter dem letzten Ausgabeausdruck bzw. TAB-Aufruf noch ein Begrenzer folgt, so ist die Ausgabezeile mit dieser PRINT-Anweisung nicht beendet; ansonsten wird ein Zeilenvorschub generiert. Von vorn nach hinten werden die Ausdrücke ausgerechnet und in Zeichenfolgen konvertiert, die anschließend hintereinander (ohne Erscheinen der Begrenzungszeichen) ausgegeben werden. Wenn als Begrenzungszeichen ein Komma

gewählt wurde, so beginnt die Ausgabe des nächsten Elements erst ab der nächsten Ausgabezone. Ein Semikolon bewirkt nur eine Unterscheidung der Ausgabeelemente ohne jeglichen Vorschub.
Bezüglich der Ausgabe verschiedener Typen von Ausgabeobjekten ist folgendes zu berücksichtigen:

- Zeichenketten werden unmittelbar so ausgegeben, wie sie als Zeichenkettenausdruck entstanden sind.

- Vor numerischen Ausgabewerten steht immer ein Leerzeichen oder (bei negativem Wert) das Minuszeichen. Hinter ihnen wird zur Separation immer ein Leerzeichen ausgegeben. Wenn dieses (letzte) Leerzeichen gerade nicht mehr in die aktuelle Zeile geht, so wird es weggelassen.

- Ganzzahlige numerische Ausdrücke werden berechnet. Der berechnete Wert erscheint bis zu einer implementierungsdefinierten Maximalzahl von Ziffern als Ganzzahl. Falls mehr Ziffern ausgegeben werden müssen, erscheint die Zahl als Realzahl.

- Realzahlige numerische Ausdrücke werden immer als Festpunktzahlen (siehe I.2) ausgegeben, wenn die implementierungsdefinierte Mantissenlänge dies zuläßt. Ansonsten werden sie als Gleitpunktzahl mit Exponenten ausgegeben, wobei die Exponentenlänge wieder durch die Implementierung bestimmt ist.

- Bei Festpunktzahlen ergibt sich folgende Darstellung:

    ein Leer- oder Vorzeichen
    Ganzzahlige Vorkommastellen (nur bei Zahlen mit Betrag $>=1$)
    Dezimalpunkt
    Nachkommastellen (wenn welche vorliegen)
    ein abschließendes Leerzeichen.

    Beispiele: -21.767   365.12

    Die Anzahl der Vor- plus die der Nachkommaziffern ist kleiner oder gleich der implementierungsdefinierten Mantissenlänge, die mindestens 6 betragen soll.

- Bei Gleitpunktzahlen beträgt die normgemäß geforderte minimale Mantissenlänge 6 Ziffern, die minimale Exponentenlänge zwei Ziffern. Es ergibt sich folgende Darstellung für eine Gleitpunktzahl:

Einführung I.5 Anweisungen

    ein Leer- oder Vorzeichen
    Mantisse (wie eine Festpunktzahl, mindestens 6 Ziffern möglich)
    das Zeichen E (für "mal 10 hoch")
    Vorzeichen des Exponenten
    Ziffern des Exponenten (mindestens 2)
    ein abschließendes Leerzeichen.

Beispiele: -3.14159E+00   .567E-20

Die Mantisse muß den Dezimalpunkt enthalten und darf im ganzzahligen Teil nur eine Ziffer zwischen 1 und 9 besitzen, ansonsten wird dieser Teil weggelassen.
- Die Ausgabe eines Elements TAB(*numerischer Ausdruck*) wirkt wie folgt: Zunächst wird, wenn nötig, der (notwendigerweise positive) numerische Ausdruck auf die nächstgrößere Ganzzahl gerundet. Diese wird als Position in der gerade zu bearbeitenden Ausgabezeile interpretiert (Beginn bei 1). Wenn diese Position bisher noch nicht erreicht war, so werden soviele Leerzeichen ausgegeben, daß die nächste Ausgabe an dieser Tabulatorposition beginnt.
Ist die berechnete Tabulatorposition schon überschritten, wird die aktuelle Zeile mit einem Zeilenende beendet und die Tabulatorposition in der nächsten Zeile gesetzt.
Wenn die berechnete Tabulatorposition jenseits des implementierungsdefinierten Zeilenendes liegt, so werden soviele Zeilenlängen vom Tabulatorwert abgezogen, bis der entstehende Wert innerhalb einer Zeile liegt. Diese wird dann mit diesem Tabulator angelegt.

• Die INPUT-Anweisung (Abschn. 16)

In der INPUT-Anweisung stehen eine oder mehrere Variablen, die dann beim Abarbeiten der INPUT-Anweisung vom Datensichtgerät (oder einem anderen externen Eingabemedium) nacheinander mit Daten (Zeichenketten sowie Zahlen) gefüllt werden. Diese werden als Folgen von Zeichen eingegeben, durch Komma getrennt und am Schluß mit einem Zeilenende (Return-Taste) beendet. Erst wenn alle Variablen versorgt sind, kann das Programm die Daten weiterverarbeiten (ohne die trennenden Kommas und führende und abschließende Leerzeichen sowie ggf. nach Konvertierung in den vorgesehenen Datentyp). Daß die Daten jetzt gewünscht werden, zeigt das BASIC-System durch ein für den Rechner typisches Eingabeaufforderungszeichen an. Dies kann auch bloß das Fortschalten in eine leere Zeile sein. Die allgemeine Form der INPUT-Anweisung im BASIC-Programm ist:
    INPUT *Variable 1, Variable 2, ..., Variable n*

Einführung I.5 Anweisungen

Die allgemeine Form einer Eingabe am Bildschirm bei laufendem Programm ist:

Datenelement 1, Datenelement 2, ..Datenelement n Zeilenende

Es folgen Syntaxdiagramme der INPUT-Anweisung sowie der einzugebenden Daten.

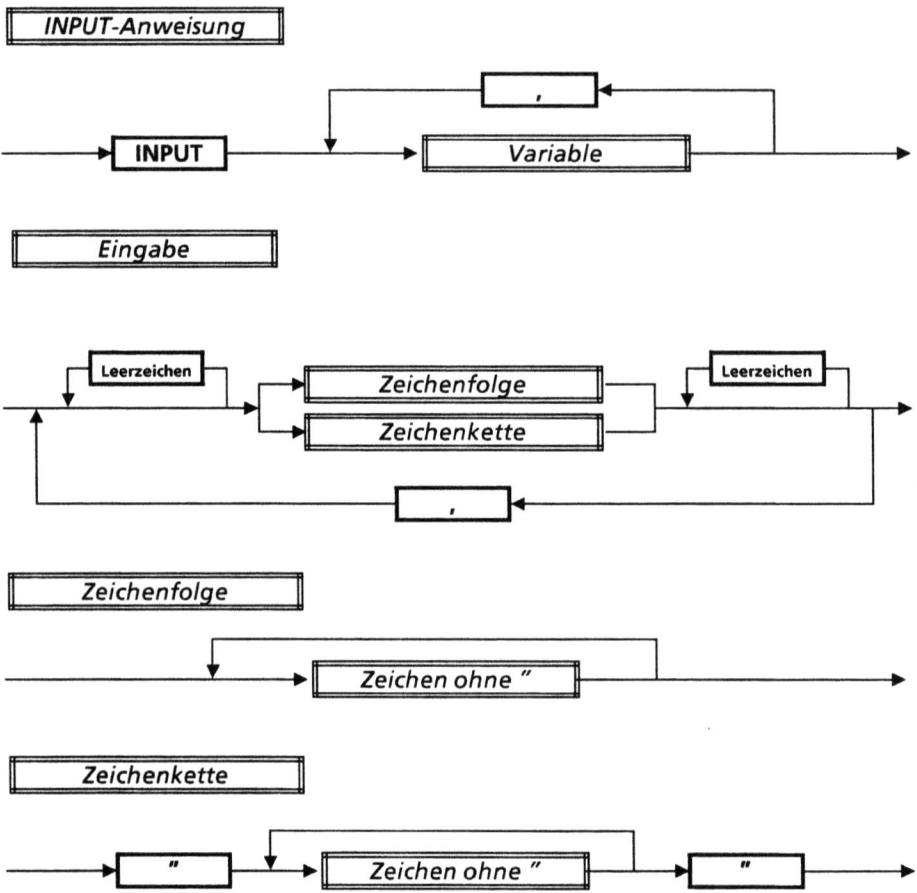

Anmerkungen: - Welche Datenobjekte erwartet werden, ergibt sich aus dem Typ der Eingabevariablen.
- Vor der Datenübertragung werden erst alle eingegebenen Datenobjekte auf Richtigkeit überprüft. Wenn etwas Falsches dabei ist, kommt eine Meldung und man kann die ganze Eingabe wiederholen.
- Führende und abschließende Leerzeichen in einer Zeichenkette werden mit übertragen, bei einer Zeichenfolge weggelassen.

Einführung I.5 Anweisungen

• Die DATA-Anweisung (Abschn. 18)

Die DATA-Anweisung dient dazu, dem Programm einen Satz von numerischen und Zeichenketten-Datenobjekten zur Verfügung zu stellen, die nicht erst zur Laufzeit desselben eingelesen werden müssen und die vor allem ständig mit gleichem Wert zur Verfügung stehen. Man könnte die DATA-Anweisung mit einer Konstanten-Definition in höheren Programmiersprachen vergleichen.
Die allgemeine Form der DATA-Anweisung ist

DATA *Datenelement 1, Datenelement 2, ... , Datenelement n*

Als Typen der Datenelemente sind dieselben erlaubt, wie bei der Eingabe für die INPUT-Anweisung, nämlich Zeichenketten und Zeichenfolgen (letztere u.a. zur Darstellung numerischer Konstanten) wobei diesmal außerhalb der Zeichenfolge/kette keine führenden und abschließenden Leerzeichen zugelassen sind.

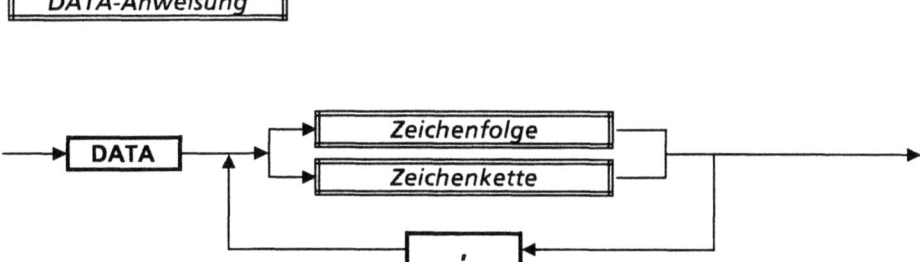

Mehrere DATA-Anweisungen können im Programm verstreut auftreten. Die in ihnen definierten Daten werden (vor Ablauf des Programms) nacheinander von vorn bis hinten gesammelt, ggf. konvertiert und intern in einer Datenkette abgelegt. Abarbeitung der DATA-Anweisung hat keinerlei Effekt auf das Programm. Die Daten in der internen Datenkette können beim Programmablauf sequentiell mittels der READ-Anweisung abgerufen werden. Die RESTORE-Anweisung schaltet immer wieder auf den Anfang der internen Datenkette zurück. So können die Daten mehrere Male verwendet werden.

Einführung I.5 Anweisungen

• Die READ- und RESTORE-Anweisung (Abschn. 17)

Die READ- Anweisung "liest" ab der momentanen Position in der internen DATA-Kette nacheinander Datenelemente in die in der READ-Anweisung angegebenen Variablen hinein. Dabei wird die Position in der internen DATA-Kette pro Variable je um ein Datenelement weitergeschaltet. Bei einem versehentlichen READ nach dem letzten Datenelement geschieht eine Ablaufunterbrechung. Wenn der Typ der jeweils aktuellen Variablen nicht mit dem des jeweils aktuellen Datenelements übereinstimmt (z.B. eine Zeichenkette in eine numerische Variable eingelesen werden soll), so ebenfalls. Liest man ein numerisches Datenelement (das ja in DATA als Zeichenfolge dargestellt war) in eine Zeichenkettenvariable ein, so wird es einfach als Zeichenfolge eingelesen und stellt dann keine Zahl mehr dar.

Wenn man mittels READ erneut Daten vom Anfang der internen DATA-Kette lesen will, so kann man den internen Positionszeiger mittels der RESTORE-Anweisung auf das erste Datenelement zurücksetzen.

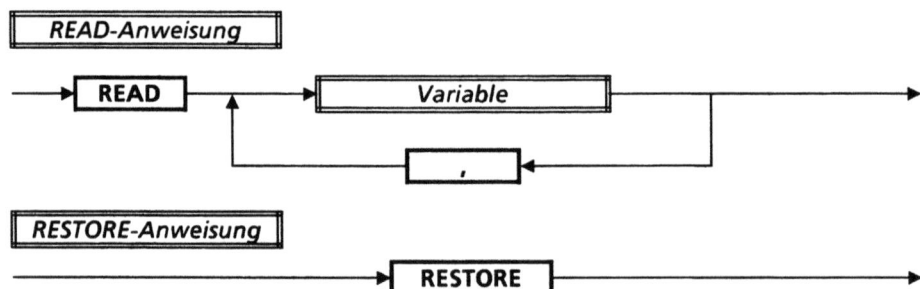

Beispiel für DATA, READ und RESTORE:

```
1000  DATA HANS,"HAT"
1010  READ A$,B$,I(4)
1020  DATA 3,"ODER",4
1030  READ C$,D$,E$,F$
1040  DATA HOSEN,"AN"
1050  PRINT A$,B$,I(4),E$,F$
```
　　　<es erscheint, auf Ausgabezonen aufgeteilt: HANS   HAT   3   HOSEN AN>
```
1060  RESTORE
1070  READ F$,E$,I(3),C$,D$,B$,A$
1080  PRINT C$;A$;E$;F$;D$;B$
```
　　　<es erscheint (zusammengeschrieben): ODERANHATHANS4HOSEN>

38

Einführung I.5 Anweisungen

- **Reihungs-Vereinbarungen (Abschn. 19)**

Wie schon in Abschnitt I.3/c eingeführt, bietet Elementar-BASIC als strukturierte Datenobjekte ein- oder zweidimensionale Reihungen an; das sind lineare Vektoren oder "quadratische" bzw. "rechteckige" Felder mit numerischen Elementen, die man über den Reihungsnamen zusammen mit ein oder zwei Indexwerten ansprechen kann. Mittels der DIM-Anweisung kann man in einem Programm Reihungen vereinbaren, deren Index-Obergrenzen von 10 abweichen. Mittels der OPTION-Anweisung kann man die Untergrenze aller Reihungen im Programm optional auf 0 oder 1 setzen. OPTION- und DIM-Anweisung müssen im Programm vor der ersten Verwendung der betreffenden Reihungen stehen (d.h. eine kleinere Zeilennummer haben).

- **Die DIMension-Anweisung**

Die DIM-Anweisung dient zur Vereinbarung einer oder mehrerer ein- oder zweidimensionaler Reihungen, hat also die Form

DIM *Reihungsvereinbarung 1, Reihungsvereinbarung 2 ...*

Syntax:

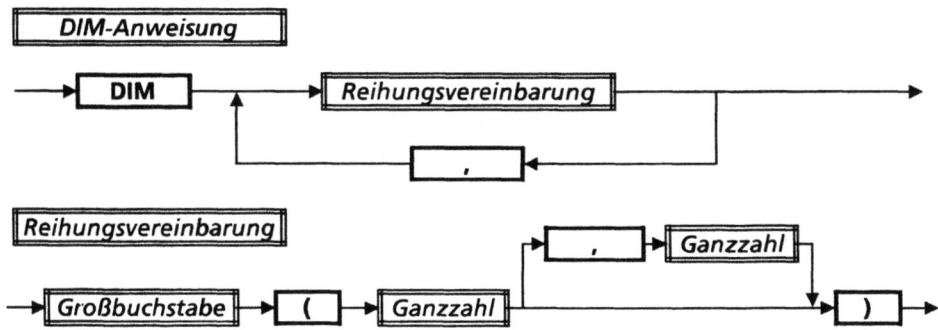

Aus Abschnitt 1.3 wissen wir, daß bei implizit (durch ihre Benutzung) vereinbarten Reihungen die Indexwerte von 0 bis einschl. 10 (in jeder Dimension) laufen. Bei Verwendung einer DIM-Anweisung können nun die Obergrenzen beliebige positive

Einführung I.5 Anweisungen

ganze Zahlen sein. Man könnte sich z.B. ein Schachbrett mit 8 mal 8 Feldern oder einen sehr langen Vektor von Zufallszahlen, die sortiert werden sollen, vorstellen. Dafür ist eine beispielhafte DIM-Anweisung angegeben:

1000 DIM S(7, 7), Z(2000)

Anmerkungen: - Die einzelnen Felder des Schachbretts S(X,Y) werden also in Zeilen und Spalten jeweils von 0 bis 7 numeriert, ein beliebiger Indexwert X bzw. Y muß also in diesem Bereich liegen. Der Zufallsvektor Z enthält hier 2001 Elemente.
- Reihungen, die nicht durch eine DIM-Anweisung vereinbart wurden, halten sich weiterhin an die BASIC-Standardgrenzen.

Die Reihungs-Untergrenze (Basis=0) ist jeweils von BASIC vorgegeben. Um hier ein wenig Flexibilität zu gewinnen (Schachbrettspalten von 0 bis 7 zu numerieren ist etwas unschön), kann man die Untergrenze etwas manipulieren. Siehe dazu die OPTION-Anweisung im folgenden Unterabschnitt.

I.5.5 Direktiven

Die nachfolgende OPTION-Anweisung ist eine Direktive, dient also zum Verändern von BASIC-Systemparametern. Gleichzeitig beeinflußt sie aber auch die Reihungsvereinbarungen. Deshalb schließt sie sich unmittelbar an die DIM-Anweisung an.

• Die OPTION-Anweisung (Abschn. 19)

Mit der OPTION-Anweisung setzt man die Untergrenze *(Basis)* **aller** Reihungen im Programm (ungeachtet ob explizit oder implizit vereinbart) auf 0 oder 1, je nachdem, wie es die Programmlogik erfordert. Es darf nur **eine** OPTION-Anweisung im ganzen Programm geben.

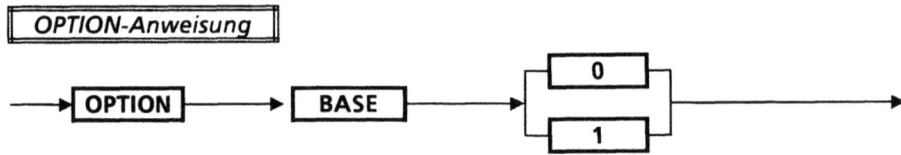

Einführung I.5 Anweisungen

• Die RANDOMIZE-Anweisung (Abschn. 21)

In Abschnitt I.4.1 lernten wir die vordefinierte RND-Funktion kennen, die jedesmal, wenn sie aufgerufen wird, eine neue Pseudo-Zufallszahl zwischen 0 und 1 liefert. Pseudozufallszahl deshalb, weil es im Rechner keine wirklichen Zufallszahlen gibt; sie werden durch irgendeinen Algorithmus geliefert. Auch in der Realität sind echte Zufallszahlen (deren Abfolge auf keinen Fall voraussagbar ist) äußerst selten, man müßte schon quantenmechanische Prozesse ausnutzen, um sie zu erhalten. Insbesondere liefert die Funktion RND des BASIC-Systems bei jedem Lauf ein- und desselben Programms immer wieder dieselbe Folge von Zufallszahlen, weil der interne Zufallsalgorithmus derselbe ist und immer bei derselben Ausgangszahl (Wurzel) beginnt.

Wenn man bei jedem Programmlauf eine neue, nicht mehr der alten identische Zufallsfolge haben will, so muß man zu Beginn die RANDOMIZE-Anweisung durchlaufen. Diese sorgt dann dafür, daß die Zufallswurzel z.B. durch die Echtzeituhr des Rechners oder durch Dialog mit dem Benutzer versorgt wird.

I.6 Unterprogramme (Subroutinen, Abschn. 13)

Sobald Programme eine gewisse Größe erreicht haben, stellt man fest, daß der eine oder andere Programmteil an verschiedensten Stellen des Programms immer wieder gebraucht wird, um eine bestimmte, häufig wiederkehrende Arbeit zu leisten. Die schlechteste Lösung ist es, den Algorithmus an alle diese Stellen hinzuduplizieren. Dadurch wird das Programm sinnlos aufgebläht, unübersichtlich, und paßt am Ende nicht mehr in den Hauptspeicher. Man hat die zweite Möglichkeit, mittels GOTO zu solch einem häufig gebrauchten Algorithmus zu springen; aber wie findet er nach getaner Arbeit wieder den Platz, von wo er aktiviert wurde, damit das Programm richtig fortfährt? Genau um dieses Problem zu lösen, wurde die Unterprogrammtechnik eingeführt, die einer der wesentlichsten Bestandteile der Programmierung überhaupt ist. Wir nennen einen häufig verwendeten Programmteil, der von mehreren Stellen des Programms aus benutzt werden kann, ein *Unterprogramm* (Subroutine, Prozedur). Zum Aufruf des Unterprogramms steht die Prozeduraufrufanweisung (GOSUB) zur Verfügung, zur Rückkehr aus dem Unterprogramm unmittelbar hinter die Aufrufstelle die RETURN-Anweisung, die am Ende des Unterprogramms steht.

Beim Sprung in das Unterprogramm merkt sich das BASIC-System die Anweisungszeile hinter der Absprungstelle, um beim dazugehörigen RETURN wieder dorthin zurückkehren zu können. Werden mehrere Unterprogramme geschachtelt aufgerufen, so werden die Rückkehradressen einfach gemäß ihrer Reihenfolge aufeinandergestapelt (gekellert) und hinterher in umgekehrter Reihenfolge abgerufen, so daß jedes RETURN an die richtige Stelle zurückkehrt. Jedes mittels GOSUB aufgerufene Unterprogramm *muß* somit am Ende ein RETURN besitzen, es sei denn, daß ein STOP im Unterprogramm das ganze Programm beendet.

Ein *Hauptprogramm* muß verbleiben, das zumindest das erste Unterprogramm oder auch mehrere aktiviert. Wir müssen darauf achten, daß ein Unterprogramm nur mittels GOSUB und nicht anders (sequentiell oder durch eine Steueranweisung) betreten wird, da sonst seine RETURN-Anweisung "in der Luft hängt", was zu einer Ablaufunterbrechung führt. Wichtig ist hierbei auch, daß das Hauptprogramm mittels STOP beendet wird; dann kann es nicht blind in etwa nachfolgende Unterprogramme hineinlaufen.

Die in BASIC realisierte Unterprogrammtechnik ist natürlich recht primitiv; in höheren Programmiersprachen besitzen Unterprogramme eigene Namen, einen Satz von Parametern und eigene (sog. lokale) Variable. Insbesondere durch das Fehlen der letzteren ist in BASIC keine Rekursion möglich; eine sehr elegante Programmiermethode sogenannter prozeduraler Sprachen. Ein wenig Trost vermittelt der Umstand, daß ich in BASIC Unterprogramme an verschiedenen Stellen betreten kann.

I.6 Unterprogramme

• Die GOSUB- und die RETURN-Anweisung

Mittels der GOSUB-Anweisung *(gehe zur Subroutine)* werden Unterprogramme über eine Zeilennummer aktiviert. Das BASIC-System merkt sich intern (für die Rückkehr) die Zeilennummer der Anweisung, die auf GOSUB folgt.

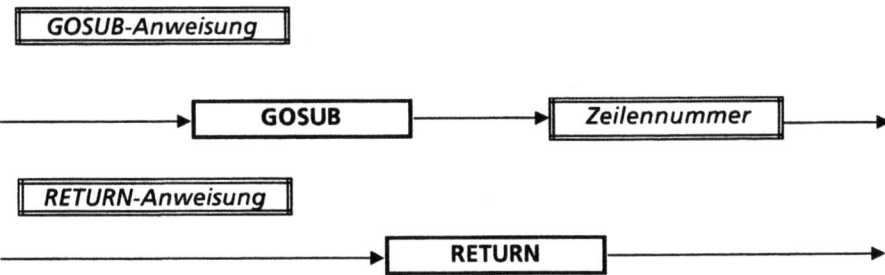

Mittels der RETURN-Anweisung *(kehre zurück)* wird das Unterprogramm beendet und der Programmlauf unmittelbar nach der GOSUB-Anweisung fortgeführt, die das Unterprogramm aktivierte. Es folgt eine schematische Darstellung des Aufrufs verschiedener Unterprogramme.

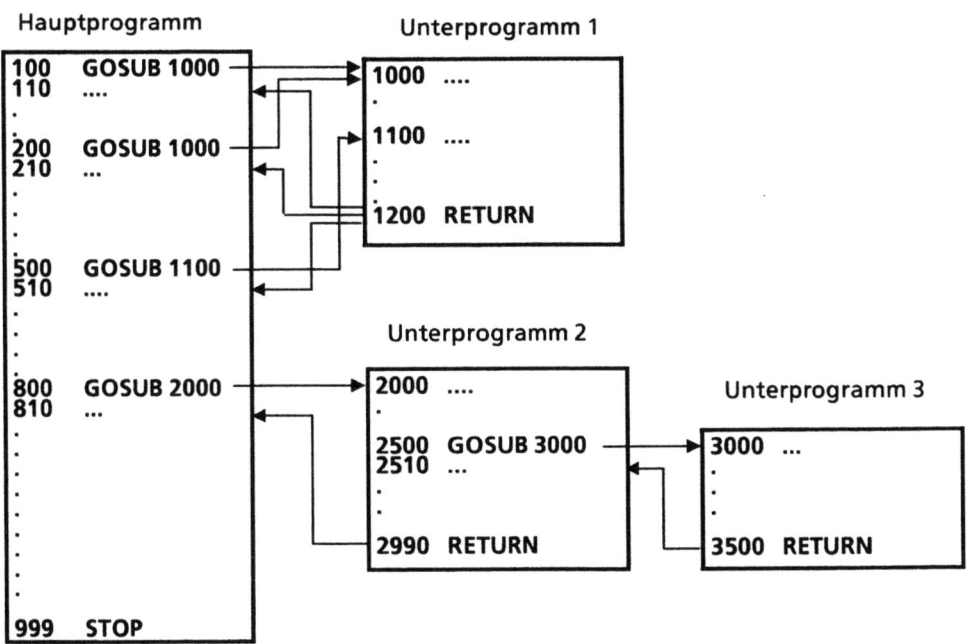

I.7 Ein Beispiel: Der Blasen-Sortieralgorithmus

Am Ende unserer Einführung in Elementar-BASIC wollen wir ein etwas größeres, nicht triviales Programm abhandeln, das die wichtigsten der vorgestellten Sprachelemente verwendet, aber trotzdem nicht den Rahmen der kurzen Einführung sprengt.

In der klassischen Datenverarbeitung spielt das Sortieren großer Mengen von Datenobjekten eine große Rolle. Daher gehören sehr "ausgefuchste", teilweise rekursive Sortieralgorithmen zum Standard-Repertoire vieler Informatik-Lehrbücher und -Vorlesungen. Wir wollen einmal den sog. Blasensortieralgorithmus in Elementar-BASIC diskutieren.
Sortieren bedeutet hier, eine ungeordnete Reihe von Objekten, z.B. Zahlen, in größenmäßig aufsteigender Reihenfolge anzuordnen.
Der hier skizzierte Blasensortieralgorithmus geht wie folgt vor:
Er wandert von links nach rechts über die ungeordnete Zahlenfolge in einer Reihung R. Dabei vergleicht er jeweils zwei benachbarte Zahlen. Wenn sie in verkehrter Reihenfolge stehen, so vertauscht er beide (über ein Hilfsfeld H). Wenn sie schon richtig geordnet sind, so beläßt er sie. Anschließend geht er eine Zahl nach rechts und vergleicht wieder zwei Zahlen (die größere der beiden zuletzt betrachteten ist dabei). So kämpft er sich von links nach rechts durch, wobei er die größte Zahl ganz nach rechts bringt, wenn er sie unterwegs erwischt. Wenn er am Ende der Zahlenfolge ist, so wird er i.A. noch nicht fertig sein, da z.B. eine kleine Zahl weit rechts noch keine Chance hatte, ganz nach links durchzusickern. So muß er das Ganze nochmals durchführen (allerdings jeweils einen Vergleich weniger, da sich rechts die größten Zahlen sammeln), solange, bis er entdeckt, daß er beim letzten Durchmarsch überhaupt kein Zahlenpaar mehr vertauschen mußte. Ob er bei einem Durchlauf mindestens ein Zahlenpaar vertauschte, vermerkte er jeweils, indem er eine Flaggenvariable V (wie vertauscht) auf 1 setzte. Wenn diese Variable nach einem Durchlauf auf dem Wert 0 bleibt, ist er fertig. Der Name "Blasen-Sortieralgorithmus" kommt zustande, weil die einzelnen Zahlen wie Blasen in einer zähen Flüssigkeit an ihr Ziel streben.

Wir wollen den Blasensortieralgorithmus auf 20 Pseudozufallszahlen anwenden, die wir uns zunächst mittels der RND-Funktion (unter Verwendung von RANDOMIZE) versorgt und in die Reihung R von 20 Elementen gebracht haben. Wir geben die Zahlenfolge ungeordnet aus, sortieren sie in der Reihung und geben sie sortiert erneut aus. Wir verwenden dabei drei Unterprogramme, die wir allesamt vom Hauptprogramm aus aktivieren. Das Programm steht der Übersichtlichkeit halber komplett auf der nächsten Seite.

I.7 Ein Beispiel

```
 10   REM         BLASENSORTIERALGORITHMUS FUER ZWANZIG ZAHLEN
 20   OPTION      BASE 1
 30   DIM         R(20)
 40   REM         ZUFALL UND EINTRAGEN IN REIHUNG
 45   GOSUB       100
 50   PRINT       "AUSGABE UNSORTIERT"
 55   GOSUB       400
 60   REM         SORTIEREN
 65   GOSUB       200
 70   PRINT       "AUSGABE SORTIERT"
 75   GOSUB       400
 80   PRINT       "AUF WIEDERSEHEN"
 90   STOP

100   REM         UNTERPROGRAMM ZUFALL UND EINTRAGEN
110   RANDOMIZE
120   FOR         I = 1 TO 20
130     LET         R(I) = INT(100 * RND)
140   NEXT        I
150   RETURN

200   REM         UNTERPROGRAMM ZUM SORTIEREN
210   PRINT       "JETZT WIRD SORTIERT"
220   LET         I = 19
230   LET         V = 0
240   FOR         J = 1 TO I
250     IF          R(J) <= R(J + 1) THEN 300
260       LET         V = 1
270       LET         H = R(J)
280       LET         R(J) = R(J + 1)
290       LET         R(J + 1) = H
300   NEXT        J
310   LET         I = I - 1
320   IF          V = 1 THEN 230
330   RETURN

400   REM         UNTERPROGRAMM ZUR AUSGABE DER ZAHLEN
410   FOR         I = 1 TO 20
420     PRINT       R(I)
430   NEXT        I
440   RETURN
```

Abbildung: Blasen-Sortieralgorithmus in Elementar-BASIC

I.8 Erweiterungen und Normung von BASIC

Die vorliegende Norm zu Elementar-BASIC deckt nur einen minimalen Sprachumfang ab, den jedes BASIC-System verarbeiten sollte. Dieser Sprachumfang ist nicht sehr komfortabel, und jedes reale BASIC-System bietet eine mehr oder weniger große Menge von Erweiterungen dazu, die die Sprache mächtiger machen und ihren Benutzungskomfort erhöhen. Damit auch erweiterte BASIC-Programme auf viele Rechenautomaten übertragen werden können, also *portabel* sind, hat man bei ANSI und ECMA die Normung der Erweiterungen in Angriff genommen. Das Ergebnis sind zwei recht umfangreiche Normdokumente mit teilweisen Überdeckungen: ECMA-116-BASIC (1986) ca. 200 Seiten, ANSI-BASIC X3.113 (1987) ca. 300 Seiten. Die ANSI-Norm hat gute Chancen, in den Jahren 1988/1989 eine ISO-Norm zu werden. Wir wollen im folgenden einige der wichtigsten Erweiterungen gegenüber Elementar-BASIC diskutieren. Alle Erweiterungen sind für sich gesehen sehr nützlich und sinnvoll, jedoch erfüllt das Ergebnis u.E. weder das Hauptanliegen von BASIC, nämlich eine leichtverständliche Einsteigersprache zu sein, noch die für heutige prozedurale Hochsprachen geltenden Qualitätsmaßstäbe. Es entsteht eine umfangreiche, aber etwas redundante, unsichere und unübersichtliche Sprache, nicht ideal für moderne Programmentwicklung geeignet und schwer zu erlernen. Bei weitergehendem Interesse sei der Leser, der an BASIC hängt, auf die entsprechenden Normendokumente verwiesen. Viele der im folgenden verwendeten Informatik-Fachbegriffe sind in diesem Buch nicht erklärt; der Normalbenutzer kann auf die Lektüre der Erweiterungen verzichten.

1. Syntax
Die bisherige Großschreibung aller Namen, Wortsymbole, Zeichenketten usw. wird abgelöst von freier Klein/Großschreibung, wobei (außer in Zeichenketten) Groß- und Kleinschreibung der Buchstaben gleichbedeutend ist.

2. Strukturierte Anweisungen
Es kommen dazu: ereignisgesteuerte Wiederholungsanweisungen sowie Sprachmittel zum Verlassen derselben auf halbem Wege, eine IF-THEN-Anweisung mit beliebig vielen Alternativen, eine Fallunterscheidungsanweisung (CASE) sowie die Möglichkeit, innerhalb von Anweisungen andere Anweisungen (ohne Zeilennummer) zu schreiben.

3. Strukturierte Datentypen
Es gibt nun auch dreidimensionale Reihungen, die Elemente können auch Zeichenketten sein; die Indizierung kann bei beliebigen Werten beginnen und enden. Alle Reihungen müssen mittels DIM-Anweisung vereinbart werden. Für Reihungen gibt es eine Reihe vordefinierter Matrixoperationen und -Funktionen.

I.8 Erweiterungen und Normung

4. Zeichenketten
Es gibt eine Vielzahl von Zeichenkettenoperatoren und -funktionen, die es gestatten, mehrere Zeichenketten zu verketten und Teilzeichenketten zu gewinnen. Zeichenketten können mit Indexgrenzen vereinbart werden; auf Zeichenkettenelemente kann man indizierend zugreifen.

5. Arithmetik
Es kommt eine größere Menge arithmetischer Funktionen dazu, insbesondere trigonometrische Funktionen. Festpunktzahlen können mit unterschiedlicher Genauigkeit verarbeitet werden.

6. Ein/Ausgabe
Zur elementaren Text-Ein/Ausgabe kommt eine komplette Datei-Ein/Ausgabe dazu; mit sequentiellen und Direktzugriffsdateien, mit Text- und Binär- (nicht-Text-) E/A, insbesondere auch Reihungs-E/A.

7. Prozedurkonzept und Gültigkeitsbereiche
Die bisherige zeilenorientierte Subroutinentechnik wird erweitert um echte benannte Prozeduren mit allen üblichen Formen von lokalen Formalparametern, sowie einen Prozeduraufrufmechanismus mit Aktualparametern. Argumente können als Wert oder als Adresse übergeben werden. Es ist jedoch nur rudimentäre Typüberprüfung möglich.

8. Getrennte Übersetzung
Neben den internen (in der Übersetzungseinheit befindlichen) werden externe Subroutinen zugelassen, die später dazugebunden werden können und einen eigenen Namensraum für all ihre Variablen, Unterprogramme usw. besitzen. Auch hier findet keine Typüberprüfung statt.

9. Ausnahmebehandlung
Es ist möglich, für auftretende Laufzeitausnahmen eigene Unterbrechungsbehandler zu schreiben, so daß das Programm bei einem Fehler nicht mehr abstürzt, sondern definiert weitermacht.

10. Bildschirm-E/A
Ein Extra-Komplex Bildschirmbehandlung wurde dazugenommen. Mittels vordefinierter Funktionen und Attribute können Schwarz-Weiß- sowie Farbbildschirme angesteuert werden. Eine GKS-Anbindung ist vorgesehen.

I.8 Erweiterungen und Normung

11. Echtzeit- und Koroutinenverarbeitung
Eine Reihe von Sprachmitteln zum Steuern paralleler Prozesse mit gemeinsamen Datenbereichen sowie Botschaftenaustausch wurde vorgesehen. Ebenso Bit-Manipulationsfunktionen

All diese Erweiterungen stellen BASIC in eine Reihe mit den "großen" Programmiersprachen unserer Zeit; u.a. FORTRAN-8X, COBOL-85, Ada, Extended Pascal. Wir sind gespannt, ob die Kompetenz der Programmierer über die Jahrzehnte mit der gewachsenen Komplexität dieser Sprachen Schritt halten wird.

Teil II

DIN-Norm 66 284

Elementar-BASIC

DK 681.3.04:800.92 BASIC DEUTSCHE NORM Mai 1988

Informationsverarbeitung
Programmiersprache Elementar-BASIC
Identisch mit ISO 6373 Ausgabe 1984

**DIN
66 284**

Diese Norm enthält die deutsche Übersetzung der Internationalen Norm ISO 6373

Information processing; Programming language Minimal BASIC; Identical with ISO 6373 edition 1984
Traitement de l'information; Languages de programmation BASIC Minimal; Identique à ISO 6373 èdition 1984

Die Internationale Norm ISO 6373, 1. Ausgabe 1984, „Information processing – Programming languages – Minimal BASIC", ist unverändert in diese Deutsche Norm übernommen worden.

Nationales Vorwort

Bei der Übersetzung der Norm ISO 6373 wurde unter anderem größte Sorgfalt darauf verwendet, die Normanforderungen genau gleichbedeutend im Deutschen wiederzugeben. Um die Gleichbedeutung zu erreichen, war es gelegentlich notwendig, von der wörtlichen Wiedergabe stärker abzuweichen. Insbesondere wurde in der deutschen Übersetzung von Metabezeichnern der Unterstrich zusätzlich verwendet. Er entspricht dem Bindestrich in ISO 6373.

Zu den im Abschnitt 3 zitierten Normen existieren folgende deutsche Normen:

ISO 646: DIN 66 003   Informationsverarbeitung; 7-Bit-Code
ISO 4873: DIN 66 303   Informationsverarbeitung; 8-Bit-Code
ISO 6093: DIN 66 250   Informationsverarbeitung; Zahlendarstellung für den Datenaustausch

Fortsetzung Seite 2 bis 68

Normenausschuß Informationsverarbeitungssysteme im DIN Deutsches Institut für Normung e.V.

DIN 66284

<u>Deutsche Übersetzung</u>

Informationsverarbeitung
Programmiersprachen - Elementar-BASIC

VORWORT

Die ISO (Internationale Normungsorganisation) ist eine weltweite Vereinigung nationaler Normungs-Institute (ISO-Mitglieds-Körperschaften). Die Erarbeitung internationaler Normen obliegt den Technischen Komitees der ISO. Jede Mitglieds-Körperschaft, die sich für ein Thema interessiert, für das ein Technisches Komitee eingesetzt wurde, ist berechtigt, in diesem Komitee mitzuarbeiten. Internationale (staatliche und nichtstaatliche) Organisationen, die mit der ISO in Verbindung stehen, sind an den Arbeiten ebenfalls beteiligt.

Die von einem Technischen Komitee verabschiedeten Entwürfe für internationale Normen werden den Mitgliedskörperschaften zunächst zur Genehmigung vorgelegt, bevor sie vom Rat der ISO als Internationale Norm angenommen werden.

Die Internationale Norm ISO 6373 wurde vom Technischen Komitee ISO/TC 97, "Informationsverarbeitungssysteme", erarbeitet und im April 1982 an die Mitgliedskörperschaften versandt.

Sie wurde von den Mitgliedskörperschaften folgender Länder angenommen:

Ägypten	Italien	Schweden
Belgien	Jugoslawien	Schweiz
China	Japan	Spanien
Deutschland	Kanada	Südafrika
Finnland	Niederlande	Tschechoslowakei
Frankreich	Polen	Ungarn
Irland	Rumänien	Vereinigte Staaten

Das Dokument wurde aus technischen Gründen von folgenden Mitgliedskörperschaften abgelehnt:

Australien
Vereinigtes Königreich

DIN 66284

INHALT

1	Anwendungsbereich	4
2	Normkonformität	5
3	Verweisungen auf andere Normen	6
4	Definitionen	7
5	Zeichen und Zeichenketten	11
6	Programme	14
7	Konstanten	17
8	Variablen	20
9	Ausdrücke	23
10	Standardfunktionen	26
11	Benutzerdefinierte Funktionen	29
12	LET-Anweisung	31
13	Steueranweisungen	33
14	FOR- und NEXT-Anweisungen	37
15	PRINT-Anweisung	40
16	INPUT-Anweisung	44
17	READ- und RESTORE-Anweisungen	47
18	DATA-Anweisung	49
19	Reihungs-Vereinbarungen	50
20	REM-Anweisung	52
21	RANDOMIZE-Anweisung	53
A	Anhang A: Aufbau der Norm	56
B	Anhang B: Methode der Syntaxspezifikation . .	58
C	Anhang C: Implementierungsdef. Eigenschaften .	60
D	ANHANG D: Verzeichnis Syntaktischer Metanamen	62

1 ANWENDUNGSBEREICH

Diese Norm wurde entwickelt, um die Austauschbarkeit von BASIC-Programmen unter einer Vielzahl von Datenverarbeitungssystemen zu fördern.

DIESE NORM BESTIMMT:

a) die Syntax eines in Elementar-BASIC geschriebenen Programmes;

b) die Datenformate, die Genauigkeit sowie die Wertebereiche numerischer Darstellungen, die als Eingabe eines automatischen Datenverarbeitungssystems akzeptiert werden, das durch ein in Elementar-BASIC geschriebenes Programm gesteuert wird;

c) die Datenformate, die Genauigkeit sowie die Wertebereiche numerischer Darstellungen, die als Ausgabe eines automatischen Datenverarbeitungssystems generiert werden können, das durch ein in Elementar-BASIC geschriebenes Programm gesteuert wird;

d) die semantischen Regeln zum Interpretieren der Bedeutung eines Programmes, das in Elementar-BASIC geschrieben ist;

e) die Fehler und Ablaufunterbrechungen, die entdeckt werden müssen, und auch die Art und Weise, in der solche Fehler und Ablaufunterbrechungen zu behandeln sind.

Spätere Normenwerke für denselben Zweck werden Erweiterungen und Verbesserungen dieser Norm beschreiben. Programme, die konform zu dieser Norm, aber nicht zu den Erweiterungen und Verbesserungen sind, werden als "geschrieben in Elementar-BASIC" bezeichnet.

Obgleich BASIC zunächst vorwiegend für den interaktiven Gebrauch bestimmt war, beschreibt diese Norm eine Sprache, die diese Einschränkungen nicht aufweist.

Der Aufbau der Norm ist in Anhang A beschrieben. Die hier benutzte Methode der Syntaxspezifikation ist in Anhang B erklärt.

2 NORMKONFORMITÄT

Es gibt zwei Aspekte der Konformität zu dieser Norm:

a) Normkonformität eines in der Sprache geschriebenen Programmes;

b) Normkonformität einer Implementierung, die solche Programme verarbeitet.

Ein Programm ist genau dann zu dieser Norm konform, wenn

- jede in ihm enthaltene Anweisung eine syntaktisch gültige Ableitung einer in dieser Norm spezifizierten Anweisung ist;

- jede solche Anweisung eine dieser Norm gemäße, explizit gültige Bedeutung hat;

- die Gesamtheit dieser Anweisungen eine Ableitung eines gültigen Programmes darstellt, das eine in dieser Norm spezifizierte, explizit gültige Bedeutung hat.

Eine Implementierung ist genau dann zu dieser Norm konform, wenn

- sie normkonforme Programme akzeptiert und verarbeitet;

- sie jedes Programm, das nicht zu dieser Norm konform ist, zurückweist und dafür Gründe angibt;

- sie Fehler und Ablaufunterbrechungen gemäß den in dieser Norm angegebenen Vorschriften interpretiert;

- ihre Interpretation der Semantik jeder Anweisung eines normkonformen Programmes den Vorschriften dieser Norm entspricht;

- ihre Interpretation der Semantik eines normkonformen Programmes als Ganzes sich nach den Vorschriften dieser Norm richtet;

- sie Zahlen mit mindestens der Genauigkeit und dem Wertebereich als Eingabe akzeptiert, verarbeitet und ausgeben kann, wie es in dieser Norm vorgeschrieben ist;

- sie von einem Handbuch begleitet wird, in dem eindeutig die Aktionen definiert werden, die die Behandlung von Eigenschaften betreffen, die in dieser Norm als "undefiniert" oder "implementierungsdefiniert" bezeichnet werden.

Diese Norm beinhaltet keine Anforderungen für die Meldung bestimmter syntaktischer Fehler in einem Programm.

Normkonforme Implementierungen dürfen Programme akzeptieren, die in einer erweiterten Sprache geschrieben sind, ohne alle nicht normkonformen Konstruktionen zu melden. Wenn jedoch eine Anweisung, oder ein anderer Programmbestandteil nicht konform zu den hier angegebenen syntaktischen Regeln ist, muß ein Fehler gemeldet werden, es sei denn, diese Konstruktion besitzt eine implementierungsdefinierte Bedeutung.

Eine Ablaufunterbrechung tritt auf, wenn eine Implementierung erkennt, daß ein Programm nicht gemäß dieser Norm abgearbeitet wird oder werden kann. Alle Ablaufunterbrechungen, die in dieser Norm beschrieben sind, müssen dem Benutzer gemeldet werden, es sei denn, vom Benutzer wurde ein Mechanismus aktiviert, der eine Erweiterung dieser Norm zur Behandlung von Ablaufunterbrechungen ist.

Wo es besonders vermerkt wird, können bestimmte Ablaufunterbrechungen durch die in dieser Norm spezifizierten Prozeduren behandelt werden. Eine Ablaufunterbrechung soll zum Abbruch des Programmlaufs führen, wenn entweder keine solche Prozedur angegeben ist, oder durch die Datenverarbeitungsanlage oder die Betriebssystemumgebung bedingte Einschränkungen es unmöglich machen, den vorgeschriebenen Prozeduren zu folgen. Erweiterungen zu dieser Norm können Mechanismen zur Meldung und Behandlung von Ablaufunterbrechungen beschreiben, jedoch werden diese hier nicht spezifiziert.

Diese Norm legt die Reihenfolge nicht fest, in der Ablaufunterbrechungen entdeckt oder bearbeitet werden müssen.

3 VERWEISUNGEN AUF ANDERE NORMEN

ISO 646 Informationsverarbeitung - 7-Bit-Code für den Infomationsaustausch in der Informationsverarbeitung.

ISO 4873 Informationsverarbeitung - 8-Bit-Code für den Infomationsaustausch in der Informationsverarbeitung.

ISO 6093 Informationsverarbeitung - Spezifikation für die Darstellung von numerischen Werten in Zeichenketten in der Informationsverarbeitung.

4 DEFINITIONEN

Für diese Norm gelten die folgenden Definitionen.

4.1 BASIC

Ein Begriff, der als Name für eine spezielle Klasse von Sprachen verwendet wird, welche ähnliche Syntaxregeln und semantische Bedeutungen besitzen; Abkürzung für "Beginner's All-purpose Symbolic Instruction Code".

4.2 STAPELVERARBEITUNG

Das Abarbeiten von Programmen in einer Umgebung, in der keine Vorkehrung für einen Benutzerdialog vorgesehen ist.

4.3 KANN

Das Wort "kann" wird in beschreibender Weise benutzt und gibt an, daß normkonforme Programme bestimmte Konstruktionen enthalten dürfen, und daß normkonforme Implementierungen diese Programme korrekt verarbeiten müssen.

4.4 ZEILENENDE

Das (bzw. die) Zeichen oder der Indikator für das Ende einer Zeile. In Elementar-BASIC werden drei verschiedene Arten von Zeilen unterschieden: Programmzeilen, Druckzeilen und Eingabezeilen. Die Zeilenende-Darstellung darf je nach Zeilenart unterschiedlich sein und darf auch je nach Kontext variieren. So darf z.B. das Zeilenende in einer Eingabezeile bei einem gegebenen System je nach verwendetem Datenendgerät im Dialog- bzw. Stapelverarbeitungsmodus unterschiedlich sein. Typische Beispiele für das Zeilenende sind Zeilenschaltung, Zeilenschaltung mit Zeilenvorschub und Satzende (wie z.B. Kartenende).

4.5 FEHLER

Eine Verletzung der Syntax in einer Zeile, so daß diese nicht Teil eines normkonformen Programmes ist.

4.6 ABLAUFUNTERBRECHUNG

Ein Ereignis, das bei der Abarbeitung eines Programmes stattfindet und durch falsche Daten oder Berechnungen oder das Überschreiten einer Kapazitätsbeschränkung zustande kommt. Wo es besonders vermerkt ist, dürfen bestimmte (behebbare) Ablaufunterbrechungen durch die angegebenen Prozeduren behandelt werden; ist keine Prozedur angegeben (nicht behebbare Ablaufunterbrechungen), oder verhindern bestimmte Einschränkungen durch das Datenverarbeitungssystem oder die Betriebssystemumgebung eine Anwendung der angegebenen Prozedur, muß die Ablaufunterbrechung durch einen Abbruch der Abarbeitung des Programmes behandelt werden.

4.7 BEZEICHNER

Eine Zeichenfolge, mit der eine Variable oder eine Funktion benannt wird.

4.8 DIALOGVERARBEITUNG

Die Abarbeitung von Programmen in einer Umgebung, welche es dem Benutzer erlaubt, direkt auf Aktionen bestimmter Programme zu reagieren und den Beginn und die Beendigung der Abarbeitung dieser Programme zu bestimmen.

4.9 WORTSYMBOL

Eine Zeichenfolge, gewöhnlich im Wortlaut eines häufig gebrauchten oder mnemonisch aussagekräftigen Wortes, die zur eindeutigen Identifikation einer Anweisung oder eines Teiles einer Anweisung einer Programmiersprache dient.

Die Wortsymbole in Elementar-BASIC sind:

BASE,	DATA,	DEF,	DIM,	END,
FOR,	GO,	GOSUB,	GOTO,	IF,
INPUT,	LET,	NEXT,	ON,	OPTION,
PRINT,	RANDOMIZE,	READ,	REM,	RESTORE,
RETURN,	STEP,	STOP,	SUB,	THEN,
TO.				

4.10 ZEILE

Eine Folge von Zeichen, die mit einer Zeilennummer beginnt und mit einem Zeilenende abgeschlossen wird.

4.11 ZAHLENDARSTELLUNGS-MINIMUM

Der kleinste positive von Null verschiedene Wert, der durch eine BASIC-Implementierung dargestellt und verarbeitet werden kann.

4.12 ZAHLENDARSTELLUNGS-GRENZEN

Der positive bzw. negative Wert mit dem jeweils größten Absolutbetrag, der durch eine BASIC-Implementierung dargestellt und verarbeitet werden kann. Es wird nicht gefordert, daß die Verarbeitung dieser Werte richtige Endergebnisse liefert.

4.13 DARF

Das Wort "darf" wird benutzt, wenn es einer normkonformen Implementierung freigestellt ist, ob ein bestimmtes Leistungsmerkmal bereitgestellt wird oder nicht.

4.14 ÜBERLAUF

Bei numerischen Operationen ist Überlauf die Bedingung, die eintritt, wenn durch eine Operation versucht wurde, ein Ergebnis zu generieren, das eine Zahlendarstellungs-Grenze überschreitet.
Bei Zeichenkettenoperationen ist Überlauf die Bedingung, die eintritt, wenn durch eine Operation versucht wurde, ein Ergebnis zu generieren, das mehr Zeichen umfaßt, als vom Sprachverarbeitungssystem für Zeichenketten erlaubt sind.

4.15 DRUCKZONE

Eine zusammenhängende Folge von Zeichenpositionen in einer gedruckten Ausgabezeile, die ein ausgewertetes PRINT-Anweisungs-Element enthalten darf.

4.16 RUNDUNG

Das Verfahren, durch das eine Zahlendarstellung mit einem Wert kleinerer Genauigkeit aus einer Zahlendarstellung mit einem Wert größerer Genauigkeit generiert wird, unter Berücksichtigung der von der Originalzahl weggelassenen Stellen. Die Rundung des Wertes von X auf die nächstgrößere ganze Zahl wird z.B. durch INT(X + 0,5) realisiert.

4.17 MUSS

Das Wort "muß" wird im Sinne einer Vorschrift gebraucht und gibt an, daß ein Programm wie angegeben konstruiert sein, oder eine Implementierung wie angegeben arbeiten muß, um die Forderung nach Normkonfomität zu erfüllen.

4.18 SIGNIFIKANTE ZIFFERN

Die zusammenhängende Folge von Ziffern, beginnend bei der höchsten von Null verschiedenen und endend bei der kleinsten von Null verschiedenen Stelle, ungeachtet der Stellung des Dezimalpunktes.
Im allgemeinen bleiben in einer normalisierten Gleitpunktdarstellung nur die signifikanten Ziffern in der Mantisse erhalten.

4.19 ABSCHNEIDEN

Das Verfahren, mit dem eine Zahlendarstellung geringerer Genauigkeit aus einer Zahlendarstellung höherer Genauigkeit generiert wird, wobei die unerwünschten niederwertigen Stellen der Originalzahl einfach weggelassen werden.

4.20 UNTERLAUFBEDINGUNG

Die Bedingung, die eintritt, wenn mit der vorhergehenden Operation versucht wurde, ein von Null abweichendes Ergebnis zu generieren, dessen Betrag kleiner als das Zahlendarstellungs-Minimum ist. Dieser Begriff wird nur bei numerischen Operationen angewendet.

5 ZEICHEN UND ZEICHENKETTEN

5.1 ALLGEMEINE BESCHREIBUNG

Die Zeichenmenge für BASIC ist in der Internationalen Referenzversion von ISO 646 angegeben. Zeichenketten sind Folgen von Zeichen und werden in BASIC-Programmen als Kommentare (siehe Abschnitt 20), als Zeichenkettenkonstanten (siehe Anschnitt 7) und auch als Daten (siehe Abschnitt 16) verwendet.

5.2 SYNTAX

Die Syntax ist wie folgt definiert:

1) Buchstabe = A/B/C/D/E/F/G/H/I/J/K/L/M/ N/O/P/Q/R/S/T/U/V/W/X/Y/Z

2) Ziffer = 0/1/2/3/4/5/6/7/8/9

3) Stringzeichen = Anführungszeichen / Zeichenkettenzeichen

4) Zeichenkettenzeichen = Ausrufezeichen / Nummernzeichen / Dollarzeichen / Prozentzeichen / Undzeichen / Apostroph / öffnende_Klammer / schließende_Klammer / Stern / Komma / Schrägstrich / Doppelpunkt / Semikolon / Kleiner-Zeichen / Gleichheitszeichen / Größer-Zeichen / Fragezeichen / Aufwärtspfeil / Unterstrich / Zeichenfolgenzeichen

5) Zeichenfolgenzeichen = Leerzeichen / einfaches_Zeichen

6) einfaches_Zeichen = Pluszeichen / Minuszeichen / Punkt / Ziffer / Buchstabe

7) Kommentar-String = Stringzeichen*

8) Zeichenkette = Anführungszeichen Zeichenkettenzeichen* Anführungszeichen

9) Zeichenfolge = einfaches_Zeichen / (einfaches_Zeichen Zeichenfolgenzeichen* einfaches_Zeichen)

5.3 BEISPIELE

Die folgenden Beispiele entsprechen einigen Syntaxregeln von 5.2:

7) ALLE STRINGZEICHEN (?!*!!) SIND IM "KOMMENTAR" MOEGLICH.

8) "LEERZEICHEN, STERNE UND KOMMAS KOENNEN IN ZEICHENKETTEN AUFTRETEN."

9) KOMMAS DUERFEN NICHT IN ZEICHENFOLGEN AUFTRETEN

5.4 SEMANTIK

Die Buchstaben entsprechen den lateinischen Großbuchstaben, die in dem in ISO-7-Bit codierten Zeichenvorrat an den Positionen 4/1 bis 5/10 (Spalte/Zeile) stehen.

Die Ziffern entsprechen den arabischen Ziffern, die in dem in ISO-7-Bit codierten Zeichenvorrat an den Positionen 3/0 bis 3/9 stehen.

Die verbleibenden Sonderzeichen entsprechen den verbleibenden graphischen Zeichen auf den Positionen 2/0 bis 2/15, 3/10 bis 3/15, 5/14 und 5/15 des in ISO-7-Bit codierten Zeichenvorrats.

Die Namen der Zeichen sind in Tabelle 2 angegeben.

Die Codierung der Zeichen ist in Tabelle 3 angegeben; jedoch gilt diese Codierung nur, wenn Programme und/oder Ein/Ausgabe-Daten mittels Datenträger ausgetauscht werden.

5.5 ABLAUFUNTERBRECHUNGEN

Keine Ablaufunterbrechungen.

5.6 ANMERKUNGEN

Andere Zeichen der in ISO-7-Bit codierten Zeichenmenge (einschließlich Steuerzeichen) dürfen von einer Implementierung akzeptiert werden und dürfen für irgendeinen Prozessor (z.B. einen Editor) Bedeutung besitzen; sie haben jedoch keine vorgeschriebene Bedeutung in dieser Norm. Programme, die Zeichen außer den in 5.4 und 5.2 angegebenen Stringzeichen und Zeilenendezeichen enthalten, sind nicht konform zu dieser Norm.

Die verschiedenen Arten von Zeichen und Zeichenketten, die durch die Syntax angegeben sind, entsprechen den verschiedenen Anwendungsformen von Zeichenketten in einem BASIC-Programm.
Kommentar-Zeichenfolgen können in REM-Anweisungen verwendet werden (siehe Abschnitt 20). Zeichenketten können als Zeichenkettenkonstanten verwendet werden (siehe Abschnitt 7). Zeichenfolgen können zusätzlich zu Zeichenketten als DATA-Elemente verwendet werden (siehe Abschnitt

18); sie dürfen nicht in Anführungszeichen stehen und keine führenden oder abschließenden Leerzeichen enthalten.

6 PROGRAMME

6.1 ALLGEMEINE BESCHREIBUNG

BASIC ist eine zeilenorientierte Sprache. Ein BASIC-_Programm_ ist eine Folge von _Zeilen_, deren letzte eine _END-Zeile_ sein muß und von denen jede ein Wortsymbol enthalten muß. Jede Zeile muß eine eindeutige _Zeilennummer_ enthalten, die als Marke für die in dieser Zeile enthaltene _Anweisung_ dient.

6.2 SYNTAX

Die Syntax ist wie folgt definiert:

1) Programm = Block* END-Zeile

2) Block = (Anweisungszeile / FOR-Block)*

3) Anweisungszeile = Zeilennummer Anweisung Zeilenende

4) Zeilennummer = Ziffer Ziffer? Ziffer? Ziffer?

5) Zeilenende = (implementierungsdefiniert)

6) END-Zeile = Zeilennummer END-Anweisung Zeilenende

7) END-Anweisung = END

8) Anweisung = DATA-Anweisung / DEF-Anweisung /
DIMENSION-Anweisung / GOSUB-Anweisung /
GOTO-Anweisung / IF-THEN-Anweisung /
INPUT-Anweisung / LET-Anweisung /
ON-GOTO-Anweisung / OPTION-Anweisung /
PRINT-Anweisung / RANDOMIZE-Anweisung /
READ-Anweisung / REM-Anweisung /
RESTORE-Anweisung / RETURN-Anweisung /
STOP-Anweisung

9) Zeile = Anweisungszeile / END-Zeile /
FOR-Zeile / NEXT-Zeile

6.3 BEISPIELE

Das folgende Beispiel entspricht den Regeln von 6.2:

6)   999 END

6.4 SEMANTIK

Ein BASIC-Programm ist eine durch Zeilennummern geordnete Folge von Zeilen, deren letzte eine END-Zeile ist. Die Zeilen eines Programmes werden in fortlaufender Reihenfolge, beginnend bei der ersten Zeile, abgearbeitet, bis

- eine andere Aktion durch eine Steueranweisung oder einen FOR-Block vorgeschrieben wird, oder

- eine nicht behebbare Ablaufunterbrechung auftritt, oder

- eine STOP-Anweisung oder eine END-Anweisung abgearbeitet wird.

Die in der Norm beschriebene Syntax definiert Programme, die keine Leerzeichen enthalten. Dies gilt nicht in REM-Anweisungen, in bestimmten Zeichenketten und in Zeichenfolgen, oder wenn die Anwesenheit eines Leerzeichens explizit durch den Metabezeichner Leerzeichen gefordert ist.

Für die Leerzeichen gelten Sonderkonventionen.

Mit folgenden Ausnahmen dürfen Leerzeichen überall in einem BASIC-Programm stehen, ohne die Bedeutung des Programmes zu beeinflussen. Sie können benutzt werden, um die Erscheinungsform und Lesbarkeit des Programmes zu verbessern.

Leerzeichen dürfen nicht auftreten

a)   am Anfang einer Zeile;

b)   innerhalb von Wortsymbolen;

c)   innerhalb des Bezeichners TAB in einem TAB-Aufruf;

d)   innerhalb numerischer Konstanten;

e)   innerhalb von Zeilennummern;

f)   innerhalb von Funktions- oder Variablenbezeichnern;

g)   innerhalb von Relationssymbolen, die aus mehreren Zeichen bestehen.

Innerhalb von Zeichenketten und Zeichenfolgen sind Leerzeichen signifikant.

Allen Wortsymbolen in einem Programm muß mindestens ein Leerzeichen vorangehen und entweder mindestens ein Leerzeichen oder aber das

Zeilenende folgen.

Jede Zeile muß mit einer Zeilennummer beginnen. Die ganzzahligen Werte, die durch die Zeilennummern dargestellt werden, müssen positiv und verschieden von Null sein; führende Nullen haben keine Bedeutung. Die Anweisungen müssen in der Reihenfolge ansteigender Zeilennummern auftreten.

Die Art und Weise, in der das Ende einer Anweisungszeile entdeckt wird, ist durch die Implementierung bestimmt. Das Zeilenende kann zum Beispiel eine Zeilenschaltung, Zeilenschaltung mit Zeilenvorschub oder einfach das physikalische Satzende sein.

Zeilen eines normkonformen Programms können bis zu 72 Zeichen enthalten, wobei der Zeilenende-Indikator nicht zu diesen 72 Zeichen gezählt wird.

Die END-Anweisung markiert das physikalische Ende eines Programmes und beendet die Abarbeitung des Programmes, wenn sie erreicht wird.

6.5 ABLAUFUNTERBRECHUNGEN

Keine Ablaufunterbrechungen.

6.6 ANMERKUNGEN

Editierprogramme in BASIC-Programmierumgebungen erlauben oft das Auftreten von Anweisungszeilen in beliebiger Reihenfolge, mehrfach auftretende Zeilennummern und Zeilen, die nur die Zeilennummer enthalten. Solche Editoren sortieren das Programm gewöhnlich in der richtigen Reihenfolge. Tritt dieselbe Zeilennummer mehrfach auf, so wird die letzte Zeile mit dieser Nummer genommen. In vielen Implementierungen wird eine Zeile, die nur die Zeilennummer (ohne nachfolgende Leerzeichen) enthält, automatisch aus dem Programm gelöscht.

7 KONSTANTEN

7.1 ALLGEMEINE BESCHREIBUNG

Konstanten können skalare numerische Werte oder Zeichenkettenwerte benennen.

Eine <u>numerische Konstante</u> ist die Dezimaldarstellung einer Zahl in Stellenwertschreibweise. Es gibt vier allgemeine sysntaktische Formen numerischer Konstanten:

a)   punktfreie Ganzdarstellung   vz...z

b)   Festpunktdarstellung   vz...zpz...z

c)   Gleitpunktdarstellung   vz...zpz...zEvz...z

d)   punktfreie Realzahldarstellung   vz...zEvz...z

hierbei ist

z   eine Dezimalziffer

p   der Dezimalpunkt

v   ein wahlweises Vorzeichen

E   das explizite Zeichen E

Eine Zeichenkettenkonstante ist eine Zeichenkette gemäß Abschnitt 5.

7.2 SYNTAX

Die Syntax ist wie folgt definiert:

1) numerische_Konstante   = Vorzeichen? Zahlendarstellung
2) Vorzeichen   = Pluszeichen / Minuszeichen
3) Zahlendarstellung   = Mantisse Exponent?
4) Mantisse   = (Ganzzahl Punkt?) / (Ganzzahl? Bruch)
5) Ganzzahl   = Ziffer Ziffer*
6) Bruch   = Punkt Ziffer Ziffer*
7) Exponent   = E Vorzeichen? Ganzzahl
8) Zeichenkettenkonstante = Zeichenkette

7.3 BEISPIELE

Die folgenden Beispiele entsprechen einigen Regeln von 7.2:

1) -21.

3) 1E10

   5E-1

   .4E + 1

4) 500

   1

6) .255

7) "XYZ"

   "X - 3B2"

   "1E10"

7.4 SEMANTIK

Der Wert einer <u>numerischen Konstanten</u> entspricht der Zahl, die durch diese Konstante dargestellt wird. "E" steht für "mal Zehn hoch". Folgt auf das Symbol "E" kein <u>Vorzeichen</u>, so wird das Pluszeichen angenommen. In numerischen Konstanten dürfen keine Leerzeichen auftreten.

Ein Programm kann numerische Darstellungen mit einer beliebigen Anzahl von Ziffern enthalten, allerdings dürfen Implementierungen die Werte solcher Darstellungen bis auf eine implementierungsdefinierte Genauigkeit von mindestens sechs signifikanten Dezimalziffern runden.

<u>Numerische Konstanten</u> können im Exponenten ebenfalls eine beliebige Anzahl von Ziffern besitzen; allerdings dürfen Konstanten ungleich Null, deren Betrag einen implementierungsdefinierten Bereich überschreitet, zu Ablaufunterbrechungen führen. Als dieser implementierungsdefinierte Bereich für numerische Konstanten wird etwa 1E-38 bis 1E+38, wenn nicht größer, empfohlen. Konstanten, deren Betrag kleiner als das Zahlendarstellungs-Minimum ist, werden durch Null ersetzt, während bei Konstanten, deren Wert eine Zahlendarstellungs-Grenze überschreitet, ein Überlauf gemeldet werden muß.

Eine <u>Zeichenkettenkonstante</u> hat als Wert die Zeichenkette aller Zeichen zwischen den Anführungszeichen; Leerzeichen werden nicht ignoriert. Die Länge einer Zeichenkettenkonstanten, d.h. die Zahl der Zeichen zwischen den Anführungszeichen, ist nur durch die Länge einer Zeile beschränkt.

7.5 ABLAUFUNTERBRECHUNGEN

Die Berechnung einer numerischen Konstante verursacht einen Überlauf (behebbar; die empfohlene Prozedur zur Behandlung der Unterbrechung besteht darin, diese Zahl durch diee entsprechende Zahlendarstellungs-Grenze zu ersetzen, dies zu melden und die Bearbeitung fortzusetzen).

7.6 ANMERKUNGEN

Da diese Norm nicht fordert, daß Zeichenketten mit mehr als 18 Zeichen auf Zeichenkettenvariablen übertragen werden können (siehe Abschnitt 18), können normkonforme Programme Zeichenkettenkonstanten mit mehr als 18 Zeichen nur als Elemente in einer PRINT-Liste verwenden.

Es wird empfohlen, daß Implementierungen Konstanten, die kleiner als das Zahlendarstellungs-Minimum sind, als Unterlaufbedingung zu melden und die Verarbeitung fortsetzen.

8 VARIABLEN

8.1 ALLGEMEINE BESCHREIBUNG

Variablen in BASIC können entweder numerische Werte oder Zeichenkettenwerte zugeordnet werden. Bei numerischen Variablen handelt es sich entweder um einfache numerische Variablen oder um Bezugnahmen auf Elemente ein- oder zweidimensionaler Reihungen. Solche Bezugnahmen werden als <u>indizierte Variable</u> bezeichnet.

Einfache numerische Variablen werden durch einen Buchstaben, optional gefolgt von einer Ziffer benannt.
Indizierte numerische Variablen werden durch einen Buchstaben benannt, gefolgt von ein oder zwei in Klammern stehenden numerischen Ausdrücken.
Zeichenkettenvariablen werden durch einen Buchstaben, gefolgt von einem Dollarzeichen, benannt.

Explizite Vereinbarungen von Variablen mit Typangaben werden nicht gefordert; ein Dollarzeichen dient zur Unterscheidung der Zeichenkettenvariablen von numerischen Variablen. Das Vorhandensein eines Index unterscheidet indizierte Variablen von einfachen Variablen.

8.2 SYNTAX

Die Syntax ist wie folgt definiert:

1) Variable = numerische_Variable /
   Zeichenkettenvariable

2) numerische Variable = einfache_numerische_Variable /
   Reihungselement

3) einfache_numerische_Variable = Buchstabe Ziffer?

4) Reihungselement = Reihungsname Indexangabe

5) Reihungsname = Buchstabe

6) Indexangabe = öffnende_Klammer
   numerischer_Ausdruck
   (Komma numerischer_Ausdruck)?
   schließende_Klammer

7) Zeichenkettenvariable = Buchstabe Dollarzeichen

8.3 BEISPIELE

Die folgenden Beispiele entsprechen einigen Regeln von 8.2:

3) X

    A5

4) V(3)

    W(X, X + Y/2)

7) S$

8.4 SEMANTIK

Bei der Abarbeitung eines Programmes ist eine numerische Variable stets mit genau einem numerischen Wert und eine Zeichenkettenvariable mit genau einem Zeichenkettenwert verknüpft. Durch die Abarbeitung von Anweisungen im Programm kann sich dieser Wert einer Variablen ändern.

Die Länge einer Zeichenkette als Wert einer Zeichenkettenvariablen kann während der Abarbeitung des Programmes von Null Zeichen (Leere oder Nullzeichenkette) bis 18 Zeichen variieren.

Einfache numerische Variablen und Zeichenkettenvariablen werden implizit durch ihr Vorhandensein im Programm vereinbart.

Eine indizierte Variable ist dasjenige Element in einer ein- oder zweidimensionalen Reihung, das durch den Wert (das Wertepaar) der Indexangabe ausgewählt wird. Diese <u>Indizes</u> werden auf die nächstliegende ganze Zahl gerundet (siehe 4.16). Wenn indizierte Variablen nicht explizit durch eine DIMENSION-Anweisung vereinbart sind, so werden sie implizit durch ihr erstes Auftreten im Programm vereinbart. In diesem Falle läuft der Wertebereich jedes Index von Null bis einschließlich Zehn, es sei denn eine OPTION-Anweisung schreibt vor, daß der Wertebereich von Eins bis einschließlich Zehn läuft. Die Werte von Indexausdrücken müssen in dem vorgeschriebenen Bereich liegen (siehe Abschnitt 19).

Ein- und derselbe Buchstabe darf nicht gleichzeitig als Name einer einfachen Variablen und einer Reihung, sowie nicht gleichzeitig als Name einer eindimensionalen und einer zweidimensionalen Reihung benutzt werden.

Zwischen einer einfachen Variablen und einer Zeichenkettenvariablen, deren Namen sich nur durch das Dollarzeichen unterscheiden, besteht kein Zusammenhang.

Beim Beginn der Abarbeitung eines Programmes sind die Werte aller Variablen implementierungsdefiniert.

8.5 ABLAUFUNTERBRECHUNGEN

Der Wert eines Indexausdrucks liegt nicht innerhalb der expliziten oder impliziten vorgeschriebenen Grenzen (nicht behebbar).

8.6 ANMERKUNGEN

Da die Initialisierung von Variablen nicht vorgeschrieben ist und somit von Implementierung zu Implementierung verschieden sein darf, muß in Programmen, die portabel sein sollen, auf jede Variable explizit ein Wert übertragen werden, bevor diese Variable, etwa zur Berechnung eines Ausdrucks, verwendet wird.

Es gibt viele allgemein gebräuchliche Alternativen, Variablen mit implementierungsdefinierten Anfangswerten zu versehen; hier wird vorgeschlagen, undefinierte Variablen dergestalt zu kennzeichnen, daß eine Ablaufunterbrechung ausgelöst wird, sobald versucht wird, den Wert einer Variablen zu verwenden, bevor sie explizit einen Wert erhalten hat.

9 AUSDRÜCKE

9.1 ALLGEMEINE BESCHREIBUNG

Ausdrücke sind entweder numerische Ausdrücke oder Zeichenkettenausdrücke. Numerische Ausdrücke können aus Variablen, Konstanten und Funktionsaufrufen unter Verwendung der Operationen Addition, Subtraktion, Multiplikation, Division und Exponentiation aufgebaut sein. Zeichenkettenausdrücke bestehen entweder aus einer Zeichenkettenvariablen oder einer Zeichenkettenkonstanten.

9.2 SYNTAX

Die Syntax ist wie folgt definiert:

1) Ausdruck = numerischer_Ausdruck / Zeichenkettenausdruck

2) numerischer_Ausdruck = (Pluszeichen / Minuszeichen)? Term (Summationsoperator Term)*

3) Term = Faktor (Multiplikationsoperator Faktor)*

4) Faktor = Primärausdruck (Aufwärtspfeil Primärausdruck)*

5) Multiplikationsoperator = Stern / Schrägstrich

6) Primärausdruck = numerische_Variable / Zahlendarstellung / numerischer_Funktionsaufruf / (öffnende_Klammer numerischer_Ausdruck schließende_Klammer)

7) numerischer_Funktionsaufruf = numerische_Funktion Argumentliste?

8) numerische_Funktion = numerische_selbstdefinierte_Funktion / numerische_Standardfunktion

9) Argumentliste = öffnende_Klammer Argument* schließende_Klammer

10) Argument = numerischer_Ausdruck

11) Zeichenkettenausdruck = Zeichenkettenvariable / Zeichenkettenkonstante

12) Summationsoperator = Pluszeichen / Minuszeichen

9.3 BEISPIELE

Die folgenden Beispiele entsprechen einigen Regeln von 9.2:

2)   3*X - Y↑2

       A(1) + A(2) + A(3)

       -X/Y

4)   2↑(-X)

6)   SQR(X↑2 + Y↑2)

9.4 SEMANTIK

Der Aufbau und die Berechnung numerischer Ausdrücke folgt den normalen algebraischen Regeln. Die Symbole Aufwärtspfeil, Stern, Schrägstrich, Pluszeichen und Minuszeichen stellen die Operationen der Exponentiation, Multiplikation, Division, Addition und Subtraktion dar. Wenn nicht durch Klammern anders vorgeschrieben, hat Exponentiation die höchste Priorität, danach folgen Multiplikation und Division und zuletzt Addition, Subtraktion und Vorzeichen. Beim Fehlen von Klammern werden Operationen gleicher Priorität von links nach rechts abgearbeitet.

A-B-C wird als (A-B)-C, A↑B↑C als (A↑B)↑C, A/B/C als (A/B)/C und -A↑B als -(A↑B) interpretiert.

Tritt bei der Berechnung eines numerischen Ausdrucks ein Unterlauf auf, so muß der Wert, der durch die zum Unterlauf führende Operation erzeugt wurde, durch Null ersetzt werden.

0↑0 ist als 1 definiert.

Wurde die Reihenfolge der Berechnung eines Ausdrucks nicht durch Klammern modifiziert, und sind die verwendeten Operatoren assoziativ, kommutativ oder beides, so können diese Eigenschaften voll genutzt werden, um die Reihenfolge der Berechnung dieses Ausdrucks zu ändern.

In einem Funktionsaufruf muß die Anzahl der Argumente gleich der Anzahl der Parameter in der Definition der Funktion sein.

Ein Funktionsaufruf ist eine Schreibweise zur Aktivierung eines vordefinierten Algorithmus, bei dem Parameter, falls solche in der Funktionsdefinition existieren (siehe Abschnitt 10 und 11), durch Argumentwerte ersetzt werden. Alle in einem Ausdruck verwendeten Funktionen müssen entweder Standardfunktionen sein oder in einer DEF-Anweisung definiert worden sein. Das Ergebnis der Berechnung der Funktion, das durch die Abarbeitung des sie definierenden Algorithmus erhalten wird, ist ein skalarer, numerischer Wert, der den Funktionsaufruf in dem Ausdruck ersetzt.

Der Wert eines Zeichenkettenausdrucks ist der Wert der Zeichenkettenvariablen oder der Zeichenkettenkonstanten, die den Zeichenkettenausdruck darstellt.

9.5 ABLAUFUNTERBRECHUNGEN

Die Berechnung eines Ausdrucks führt zu einer Division durch Null (behebbar; die empfohlene Prozedur zur Behandlung der Unterbrechung besteht darin, als Ergebnis die Zahlendarstellungs-Grenze mit dem Vorzeichen des Dividenden zu liefern, eine Meldung zu generieren und fortzufahren).

Die Berechnung des Ausdrucks führt zu einem Überlauf (behebbar; die empfohlene Prozedur zur Behandlung der Unterbrechung besteht darin, als Ergebnis das Zahlendarstellungs-Maximum mit algebraisch korrektem Vorzeichen zu erbringen, eine Meldung zu generieren und fortzufahren).

Die Berechnung einer Exponentiation führt zu Zahl mit negativer Basis und gebrochenem Exponenten (Wurzel aus einer negativen Zahl, nicht behebbar).

Bei Berechnung einer Exponentiation wird Null in eine negative Potenz erhoben (behebbar; die vorgeschlagene Prozedur zur Behandlung der Unterbrechung besteht darin, die positive Zahlendarstellungs-Grenze zu liefern, einen Fehler zu melden und fortzufahren).

9.6 ANMERKUNGEN

Die Genauigkeit bei der Berechnung eines Ausdrucks variiert von Implementierung zu Implementierung. Obgleich keine minimale Genauigkeit für die Berechnung numerischer Ausdrücke vorgeschrieben ist, wird empfohlen, daß Implementierungen zumindest eine Genauigkeit von sechs signifikanten Dezimalstellen erhalten.

Die Berechnung einer Exponentiation kann davon abhängen, ob der Exponent ganzzahlig ist oder nicht. Wenn ja, so kann die angegebene Anzahl von Multiplikationen durchgeführt werden; wenn nicht, so kann die Operation mit Hilfe der Funktionen LOG und EXP durchgeführt werden (siehe Abschnitt 10).

Es wird empfohlen, daß die Implementierungen den Unterlauf als Unterbrechung melden und die Bearbeitung fortsetzen.

0↑0 ist als 1 definiert, damit gewährleistet ist, daß Formeln wie
$$P \uparrow R * (1 - P) \uparrow (N - R),$$
wie sie zum Beispiel beim Berechnen einer Binominalverteilung auftreten, richtige Ergebnisse liefern, wenn P und R beide 0 sind.

10 STANDARDFUNKTIONEN

10.1 ALLGEMEINE BESCHREIBUNG

Für die Berechnung häufig benutzter numerischer Funktionen stellen die Implementierungen vordefinierte Algorithmen bereit.

10.2 SYNTAX

Die Syntax ist wie folgt definiert:

1) numerische_Standardfunktion = ABS / ATN / COS / EXP / INT / LOG /
                                 RND / SGN / SIN / SQR / TAN

10.3 BEISPIELE

Keine.

10.4 SEMANTIK

Die Ergebniswerte der Standardfunktionen und die Anzahl ihrer Argumente sind in Tabelle 1 angegeben. In allen Fällen steht X für einen numerischen Ausdruck.

Tabelle 1 - Ergebniswerte der Standardfunktionen

Funktion	Funktionswert
ABS(X)	Der Absolutwert von X.
ATN(X)	Das Bogenmaß des Arkustangens von X, d.h. des Winkels, dessen Tangens X ist. Der Wertebereich der Funktion ist -pi/2 < X < pi/2, wobei pi das Verhältnis von Umfang zu Durchmesser eines Kreises ist.
COS(X)	Der Kosinus von X, mit X im Bogenmaß angegeben.
EXP(X)	Die e-Funktion von X, d.h. die X-te Potenz der Basis des natürlichen Logarithmus; ist EXP(X) kleiner als das Zahlendarstellungs-Minimum, so muß sein Wert durch Null ersetzt werden.
INT(X)	Die größte ganze Zahl kleiner gleich X; z.B. ist INT(1.3) = 1 und INT(-1.3) = -2
LOG(X)	Der natürliche Logarithmus von X; X muß > 0 sein.
RND	Der nächste Wert einer durch die Implementierung gelieferten Folge von gleichmäßig über den Bereich 0 <= RND < 1 verteilten Pseudozufallszahlen (siehe Abschnitt 21).
SGN(X)	Das Vorzeichen von X; -1 wenn X < 0; 1 wenn X > 0; 0 sonst.
SIN(X)	Der Sinus von X, mit X im Bogenmaß angegeben.
SQR(X)	Die (nichtnegative) Quadratwurzel von X; X nicht negativ.
TAN(X)	Der Tangens von X, mit X im Bogenmaß angegeben.

10.5 ABLAUFUNTERBRECHUNGEN

Der Wert des Arguments der LOG-Funktion ist 0 bzw. <0 (n. behebbar).

Der Wert des Arguments der SQR-Funktion ist negativ (nicht behebbar).

Der Betrag des Wertes der e-Funktion oder der Tangens-Funktion ist größer als das Zahlendarstellungs-Maximum (behebbar; die empfohlene Prozedur zur Behandlung der Unterbrechung besteht darin, das Zahlendarstellungs-Maximum mit richtigem Vorzeichen zu liefern, eine Meldung zu generieren und die Verarbeitung fortzusetzen).

10.6 ANMERKUNGEN

Wird die RANDOMIZE-Anweisung (siehe Abschnitt 21) nicht benutzt, so muß die RND-Funktion bei jedem Lauf eines Programms dieselbe Folge von Pseudozufallszahlen generieren. Diese Konvention wurde so gewählt, damit Programme, die Pseudozufallszahlen benutzen, bei mehrmaliger Abarbeitung immer dieselben Ergebnisse erbringen.

Es wird empfohlen, daß die Implementierungen eine Unterlaufbedingung melden und die Verarbeitung fortsetzen, wenn der Ergebniswert der EXP-Funktion kleiner als das Maschinendarstellungs-Minimum ist.

Diese Norm fordert nur, daß ein Überlauf für das Endergebnis einer Standardfunktion gemeldet wird; Ablaufunterbrechungen, die während der Abarbeitung dieser Funktionen entstehen, brauchen nicht gemeldet zu werden; wobei die Implementierungen jedoch in diesem Falle die richtigen Maßnahmen ergreifen müssen, um die Genauigkeit der End-ergebnisse zu sichern.

11 BENUTZERDEFINIERTE FUNKTIONEN

11.1 ALLGEMEINE BESCHREIBUNG

Zusätzlich zur Bereitstellung von Standardfunktionen (siehe Abschnitt 10) kann der Programmierer in BASIC einzeilige Definitionen von Funktionen in einem Programm angeben.

Die allgemeine Form von Anweisungen zur Funktions-Definition ist:

```
        DEF   FNx            =   Ausdruck                         oder
        DEF   FNx(Parameter) =   Ausdruck
```

wobei x ein einzelner Buchstabe und Parameter eine einfache numerische Variable ist.

11.2 SYNTAX

Die Syntax ist wie folgt definiert:

1) DEF-Anweisung   = DEF Funktionsdefinition Parameterliste?
                          Gleichheitszeichen numerischer_Ausdruck

2) Funktionsdefinition = FN Buchstabe

3) Parameterliste   = öffnende_Klammer Parameter
                          schließende_Klammer

4) Parameter   = einfache_numerische_Variable

11.3 BEISPIELE

Die folgenden Beispiele entsprechen den Syntaxregeln von 11.2:

1)   DEF FNF(X) = X↑4 - 1
     DEF FNA(X) = A * X + B
     DEF FNP(X) = 3.14159

11.4 SEMANTIK

Mit einer Funktionsdefinition wird definiert, wie eine Funktion als Ergebnis eines Ausdrucks unter Verwendung eines etwaigen Parameters, der in der Parameterliste steht, und möglicher anderer Variablen oder Konstanten berechnet wird. Enthält die Funktion keine Parameterliste, so dürfen Bezugnahmen auf die Funktion (d.h. numerische Funktionsaufrufe dieser Funktion in Ausdrücken) keine Argumentenliste enthalten. Enthält eine Funktionsdefinition eine Parameterliste, so müssen Bezugnahmen auf die Funktion eine Argumentliste enthalten, wobei der Ausdruck in der Argumentliste berechnet und sein Wert auf den Parameter in der Parameterliste der Funktionsdefinition übertragen wird. Danach wird der Ausdruck in der Funktionsdefinition berechnet. Das Ergebnis ist der Wert der Funktion.

Der in der Parameterliste einer Funktionsdefinition stehende Parameter ist lokal zu dieser Definition, d.h. er unterscheidet sich von jeder Variablen desselben Namens außerhalb der Funktionsdefinition. Variablen im numerischen Ausdruck der Funktion, die nicht in der Parameterliste stehen, sind identisch mit den gleichnamigen Variablen außerhalb der Funktionsdefinition.

Die Nummer einer Zeile, in der eine Funktionsdefinition auftritt, muß niedriger sein als diejenige der ersten Bezugnahme auf die Funktion. Der Ausdruck in einer DEF-Anweisung wird nicht außerhalb einer Bezugnahme auf die definierte Funktion berechnet.

Erreicht die Abarbeitung eines Programms eine Zeile, die eine DEF-Anweisung enthält, muß sie ohne weitere Auswirkungen in der nächsten Zeile fortgesetzt werden.

Eine Funktionsdefinition kann Bezug auf andere definierte Funktionen nehmen, aber nicht auf die gerade zu definierende Funktion. Eine Funktion darf in einem Programm nur einmal definiert werden.

11.5 ABLAUFUNTERBRECHUNGEN

Keine.

11.6 ANMERKUNGEN

Keine.

DIN 66284

12 LET-ANWEISUNG

12.1 ALLGEMEINE BESCHREIBUNG

Mit einer LET-Anweisung wird der Wert eines <u>Ausdrucks</u> einer <u>Variablen</u> zugewiesen. Die allgemeine Form der LET-Anweisung ist wie folgt:

    LET Variable = Ausdruck

12.2 SYNTAX

Die Syntax ist wie folgt definiert:

1) LET-Anweisung   = numerische_LET-Anweisung /
                                      Zeichenketten-LET-Anweisung

2) numerische_LET-Anweisung   = LET numerische_Variable
                                      Gleichheitszeichen
                                      numerischer_Ausdruck

3) Zeichenketten-LET-Anweisung   = LET Zeichenkettenvariable
                                      Gleichheitszeichen
                                      Zeichenkettenausdruck

12.3 BEISPIELE

Die folgenden Beispiele entsprechen einigen Syntaxregeln aus 12.2:

2)   LET P = 3.14159

     LET A(X,3) = SIN(Y) * Y + 1

3)   LET A$ = "ABC"

     LET A$ = B$

12.4 SEMANTIK

Der <u>Ausdruck</u> wird berechnet (siehe Abschnitt 9) und sein Wert wird der <u>Variablen</u> auf der linken Seite des <u>Gleichheitszeichens</u> zugewiesen.

12.5 ABLAUFUNTERBRECHUNGEN

Die Zuweisung eines Zeichenkettenausdrucks zu einer Zeichenkettenvariablen führt zu einem Überlauf (nicht behebbar).

12.6 ANMERKUNGEN
Keine.

13 STEUERANWEISUNGEN

13.1 ALLGEMEINE BESCHREIBUNG

Steueranweisungen führen zum Durchbrechen der normalen Abarbeitungsreihenfolge der Anweisungen, indem sie die Fortsetzung der Abarbeitung in einer bestimmten Zeile und nicht in der Zeile mit der nächsthöheren Zeilennummer bewirken.

Die GOTO-Anweisung

      GO TO Zeilennummer

bewirkt einen unbedingten Sprung.

Die IF-THEN-Anweisung

      IF exp1 rel exp2 THEN Zeilennummer

wobei exp1 und exp2 Ausdrücke sind und rel ein Relationsoperator, bewirkt einen bedingten Sprung.

Die GOSUB- und die RETURN-Anweisung

      GOSUB Zeilennummer

      RETURN

bewirken Unterprogrammaufrufe.

Die ON-GOTO-Anweisung

      ON Ausdruck GO TO Zeilennummer, ..., Zeilennummer

bewirkt einen Sprung in eine ausgewählte Zeile.

Die STOP-Anweisung

      STOP

bewirkt die Beendigung des Programms.

13.2 SYNTAX

Die Syntax ist wie folgt definiert:

1) GOTO-Anweisung = GO Leerzeichen* TO Zeilennummer

2) IF-THEN-Anweisung = IF Relationsausdruck THEN Zeilennummer

3) Relationsausdruck = (numerischer_Ausdruck Relation numerischer_Ausdruck) / (Zeichenkettenausdruck Gleichheitsrelation Zeichenkettenausdruck)

4) Relation = Gleichheitsrelation / kleiner / größer / größer_gleich / kleiner_gleich

5) Gleichheitsrelation = gleich / ungleich

6) größer_gleich = größer gleich

7) kleiner_gleich = kleiner gleich

8) ungleich = kleiner größer

9) GOSUB-Anweisung = GO Leerzeichen* SUB Zeilennummer

10) RETURN-Anweisung = RETURN

11) ON-GOTO-Anweisung = ON numerischer_Ausdruck GO Leerzeichen* TO Zeilennummer (Komma Zeilennummer)*

12) STOP-Anweisung = STOP

13.3 BEISPIELE

Die folgenden Beispiele entsprechen einigen der Syntaxregeln von 13.2:

1)   GO TO 999

       GOTO 999

2)   IF X > Y + 83 THEN 200

       IF A$ <> B$ THEN 550

9)   GO SUB 1000

       GOSUB 1000

11)   ON L + 1 GO TO 300, 400, 500

12)   STOP

13.4 SEMANTIK

Eine GOTO-Anweisung bewirkt, daß die Abarbeitung des Programmes in der Zeile mit der angegebenen Zeilennummer fortgesetzt wird.

Ergibt der Wert des Relationsausdrucks in einer IF-THEN-Anweisung den Wert "wahr" so wird die Abarbeitung des Programms ab der Zeile mit der angegebenen Zeilennummer fortgesetzt; ergibt er "falsch", so wird die Abarbeitung sequentiell, d.h. in der Zeile fortgesetzt, die auf diejenige mit der IF-THEN-Anweisung folgt.

Die Relation "kleiner gleich" wird durch <= dargestellt. Die Relation "größer gleich" wird durch >= und die Relation "ungleich" durch <> dargestellt.

Die Relation "gleich" zwischen zwei Zeichenketten gilt genau dann, wenn beide Zeichenketten dieselbe Länge haben und identische Folgen von Zeichen enthalten.

Die Abarbeitung der GOSUB-Anweisung und der RETURN-Anweisung kann in der Form einer Kellerung der Zeilennummern beschrieben (jedoch auf beliebige Weise implementiert) werden. Vor der Abarbeitung der ersten GOSUB-Anweisung im Programm ist der Keller leer. Jedesmal, wenn eine GOSUB-Anweisung abgearbeitet wird, wird ihre Zeilennummer gekellert, und die Abarbeitung des Programms ab der Zeile fortgesetzt, die in der GOSUB-Anweisung angegeben ist. Jedesmal, wenn eine RETURN-Anweisung abgearbeitet wird, wird die zuletzt gekellerte Zeilennummer aus dem Keller entfernt, und die Abarbeitung des Programms wird ab der Zeile mit der ihr folgenden Zeilennummer fortgesetzt.

Es ist nicht notwendig, daß vor der Beendigung eines Programms gleich viele GOSUB-Anweisungen und RETURN-Anweisungen abgearbeitet worden sein müssen.

Der Ausdruck in einer ON-GOTO-Anweisung wird berechnet und gerundet, um eine ganze Zahl zu erhalten. Ihr Wert wirrd benutzt, um aus der Liste der Zeilennummern, die auf das GOTO folgt, eine solche auszuwählen. (Die Zeilennummern in der Liste sind, bei 1 beginnend, implizit von links nach rechts durchnumeriert. Die Abarbeitung des Programms wird ab der Zeile mit der ausgewählten Zeilennummer fortgesetzt.

Alle Zeilennummern in Steueranweisungen müssen sich auf Zeilennummern im Programm beziehen.

Die STOP-Anweisung verursacht die Beendigung des Programms.

13.5 ABLAUFUNTERBRECHUNGEN

Es wird versucht, eine RETURN-Anweisung ohne vorhergehende GOSUB-Anweisung abzuarbeiten (nicht behebbar).

Die ganze Zahl, die als Ergebnis des Ausdrucks in einer ON-GOTO-Anweisung erhalten wird, ist kleiner 1 oder größer als die Anzahl der Zeilennummern in der Liste (nicht behebbar).

13.6 ANMERKUNGEN
Keine.

14 FOR- UND NEXT-ANWEISUNG

14.1 ALLGEMEINE BESCHREIBUNG

Mit der FOR-Anweisung und der NEXT-Anweisung werden Wiederholungen konstruiert. Die allgemeine syntaktische Form der FOR- und der NEXT-Anweisung ist

>   FOR v = Anfangswert TO Endwert STEP Schrittweite

>   NEXT v

wobei v eine einfache numerische Variable ist, und Anfangswert, Endwert und Schrittweite numerische Ausdrücke sind; die Klausel "STEP Schrittweite" ist optional.

14.2 SYNTAX

Die Syntax ist wie folgt definiert:

1) FOR-Block   = FOR-Zeile FOR-Rumpf

2) FOR-Rumpf   = Block NEXT-Zeile

3) FOR-Zeile   = Zeilennummer FOR-Anweisung Zeilenende

4) NEXT-Zeile   = Zeilennummer NEXT-Anweisung Zeilenende

5) FOR-Anweisung   = FOR Zählvariable Gleichheitszeichen Anfangswert
                       TO Endwert (STEP Schrittweite)?

6) Zählvariable   = einfache_numerische_Variable

7) Anfangswert   = numerischer_Ausdruck

8) Endwert   = numerischer_Ausdruck

9) Schrittweite   = numerischer_Ausdruck

10) NEXT-Anweisung   = NEXT Zählvariable

14.3 BEISPIELE

Die folgenden Beispiele entsprechen einigen Syntaxregeln aus 14.2.

1)   100 FOR I = 1 TO 10
     (andere Blöcke oder Zeilen)
     200 NEXT I

5)   FOR C7 = A TO B STEP -1

10) NEXT C7

14.4 SEMANTIK

Die FOR-Anweisung und die NEXT-Anweisung werden im Zusammenhang miteinander definiert. Die physikalische Folge von Anweisungen, die mit einer FOR-Anweisung beginnt und bis einschließlich der nächsten NEXT-Anweisung mit derselben Zählvariablen verläuft, wird FOR-Block genannt. FOR-Blöcke können physikalisch verschachtelt sein, d.h. ein FOR-Block kann einen anderen enthalten, sie dürfen sich jedoch nicht überlappen, d.h. ein FOR-Block, der eine FOR-Anweisung oder eine NEXT-Anweisung enthält, muß den ganzen FOR-Block, der mit dieser Anweisung begonnen oder beendet wird, enthalten.
Weiterhin dürfen physikalisch verschachtelte FOR-Blöcke nicht dieselbe Zählvariable verwenden.
Beim Fehlen einer STEP-Klausel in einer FOR-Anweisung wird eine Schrittweite von +1 angenommen.
Die Wirkung der FOR-Anweisung und der NEXT-Anweisung wird durch andere Anweisungen definiert, wie folgt:

```
    FOR v = Anfangswert TO Endwert STEP Schrittweite
    (Block)
    NEXT v
```

ist äquivalent mit

```
    Zeile 1    LET own1 = Endwert
               LET own2 = Schrittweite
               LET v = Anfangswert

    Zeile 2    IF (v - own1) * SGN(own2) > 0 THEN Zeile 3
               (Block)
               LET v = v + own2
               GOTO Zeile 2

    Zeile 3    REM Anweisungsfolge wird fortgesetzt
```

Hiebei ist v eine einfache numerische Variable, own1 und own2 sind Variablen, die zu diesem speziellen FOR-Block gehören und auf die der Programmierer nicht zugreifen kann. Zeile 1 und Zeile 2 sind Zeilennummern, die ebenfalls zu diesem speziellen FoR-Block gehören und auf die der Programmierer nicht zugreifen kann. Die Variablen own1 und own2 unterscheiden sich von ähnlichen Variablen, die zu anderen FOR-Blöcken gehören.

In einem Programm darf die Steuerung nicht in das Innere eines FOR-Rumpfes übertragen werden, es sei denn mittels einer RETURN-Anweisung (siehe Abschnitt 13).

14.5 ABLAUFUNTERBRECHUNGEN

Keine.

14.6 ANMERKUNGEN

Wo die Arithmetik eine begrenzte Genauigkeit besitzt, wie dies bei Dezimalzahlen in einer binären Rechenanlage der Fall ist, wird die Wiederholung innerhalb der Grenzen der Maschinengenauigkeit abgearbeitet. Es werden keine Annahmen über ein näherungsweises Erreichen der Endebedingung gemacht. Es soll angemerkt werden, daß in den meisten Fällen, in denen die Maschinenarithmetik abschneidet, statt zu runden, Konstruktionen wie

    FOR X = 0 TO 1 STEP 0.1

funktionieren, wie es der Benutzer erwartet, obwohl 0.1 in einer binären Rechenanlage nicht exakt dargestellt werden kann. Unter denselben Bedingungen wird dagegen die Konstruktion

    FOR X = 1 TO 0 STEP -0.1

wahrscheinlich nicht funktionieren, wie erwartet.

Wie oben angegeben, ist der Wert der Zählvariablen beim Verlassen eines FOR-Blocks über seine NEXT-Anweisung der erste Wert, der im FOR-Block nicht mehr verwendet wird; wird das Verlassen durch eine Steueranweisung bewirkt, so behält die Zählvariable den Wert, den sie beim Abarbeiten der Steueranweisung hatte.

Den zum FOR-Block gehörigen Variablen "own1" und "own2" werden nur beim Eintritt in den FOR-Block in der FOR-Anweisung Werte zugewiesen.

15 PRINT-ANWEISUNG

15.1 ALLGEMEINE BESCHREIBUNG

Mit der PRINT-Anweisung werden Ausgaben in einem einheitlichen Format erzeugt.

Die allgemeine syntaktische Form der PRINT-Anweisung ist

    PRINT Element p Element p...p Element

wobei jedes Element entweder ein Ausdruck, ein TAB-Aufruf oder Leer ist, und jede Begrenzungsmarke p entweder ein Komma oder ein Semikolon ist.

15.2 SYNTAX

Die Syntax ist wie folgt definiert:

1) PRINT-Anweisung   = PRINT Ausgabeliste

2) Ausgabeliste   = (Ausgabeelement? Ausgabebegrenzer)* Ausgabeelement?

3) Ausgabeelement   = Ausdruck / TAB-Aufruf

4) TAB-Aufruf   = TAB Linke_Klammer numerischer_Ausdruck rechte_Klammer

5) Ausgabebegrenzer = Komma / Semikolon

15.3 BEISPIELE

Die folgenden Beispiele entsprechen den Syntaxregeln aus 15.2.

1)   PRINT X

     PRINT X, Y

     PRINT X, Y, Z

     PRINT ,,,X

     PRINT

     PRINT "X IST GLEICH", 10

     PRINT X; (Y + Z) / 2

     PRINT TAB(10); A$; "IST ERLEDIGT."

15.4 SEMANTIK

Die Abarbeitung einer PRINT-Anweisung generiert eine Zeichenfolge zur Übertragung auf ein externes Gerät. Diese Zeichenfolge ist durch die schrittweise aufeinanderfolgende Berechnung jedes Ausgabeelementes und Ausgabebegrenzers in der PRINT-Liste bestimmt.
Numerische Ausdrücke werden wie folgt berechnet, um als Zeichenfolge ausgegeben zu werden: Zuerst kommt, falls die Zahl nicht negativ ist, ein führendes Leerzeichen, ansonsten ein Minuszeichen. Es folgt die Dezimaldarstellung des Absolutwertes der Zahl und schließlich ein abschließendes Leerzeichen. Die möglichen Dezimaldarstellungen einer Zahl sind dieselben, wie sie für numerische Konstanten in Abschnitt 7 angegeben sind, und werden wie folgt benutzt:
Jede Implementierung muß zwei charakteristische Größen definieren: eine Mantissenlänge m, um die Anzahl der Dezimalziffern der Mantisse zu bestimmen, die in numerischen Darstellungen ausgegeben werden, und eine Exponentenlänge e, um die Anzahl der Ziffern zu bestimmen, die im Exponenten einer numerischen Darstellung stehen müssen. Der Wert von m muß mindestens 6, der von e mindestens 2 betragen.

Jede Zahl, die genau als ganze Zahl mit m oder weniger Dezimalziffern dargestellt werden kann, muß in punktfreier Ganzzahldarstellung ausgegeben werden.

Alle anderen Zahlen müssen entweder in Festpunktdarstellung oder in Gleitpunktdarstellung ausgegeben werden. Zahlen, die mit m oder weniger Ziffern in der Festpunktdarstellung mindestens ebenso genau wie in der Gleitpunktdarstellung dargestellt werden können, müssen in der Festpunktdarstellung ausgegeben werden. So wird z.B., wenn m = 6 ist, $10^{(-6)}$ als 0.000001 und $10^{(-7)}$ als 1.E-7 ausgegeben.

Zahlen in der Festpunktdarstellung müssen mit bis zu m Dezimalziffern und einem Dezimalpunkt ausgegeben werden; abschließende Nullen im gebrochenen Teil können weggelassen werden. Eine Zahl mit einem Betrag kleiner als 1 muß ohne Ziffern links vom Dezimalpunkt ausgegeben werden. Diese Form erfordert maximal m + 3 Zeichen einschließlich Vorzeichen, Dezimalpunkt und abschließendem Leerzeichen.

Zahlen in Gleitpunktdarstellung müssen in folgender Weise ausgegeben werden:

      Mantisse E Vorzeichen Ganzzahl

Hierbei liegt der Wert der Mantisse im Bereich 1 <= x < 10 und muß mit exakt m Ziffern Genauigkeit dargestellt werden. Der Exponent muß 1 bis maximal e Ziffern besitzen. Im gebrochenen Teil der Mantisse können abschließende Nullen, im Exponenten führende Nullen weggelassen werden. Ein Dezimalpunkt als Bestandteil der Mantisse muß ausgegeben werden. Diese Form benötigt bis maximal m + e + 5 Zeichen einschließlich der beiden Vorzeichen, des Dezimalpunktes und des abschließenden Leerzeichens.

Zeichenkettenausdrücke müssen berechnet werden, um die entsprechende Zeichenfolge zu generieren.

Die Berechnung des Ausgabebegrenzers Semikolon muß die leere Zeichenkette, d.h. eine Zeichenkette der Länge Null generieren.

Die Berechnung eines TAB-Aufrufs oder eines Kommas hängt von der Zeichenfolge ab, die bereits durch die aktuelle oder vorige PRINT-Anweisung generiert wurde. Die "aktuelle Zeile" ist die (möglicherweise leere) Zeichenfolge, die seit dem letzten Zeilenende generiert wurde. Der "Rand" wird durch die Anzahl von Zeichen ohne Zeilenendezeichen definiert, die in einer Zeile ausgegeben werden kann, und ist implementierungsdefiniert. Die Spaltenposition der aktuellen Zeile ist diejenige Ausgabeposition, die durch das nächste in dieser Zeile auszugebende Zeichen belegt wird; Ausgabepositionen werden von links, beginnend bei Position 1, aufeinanderfolgend numeriert.

Jede Ausgabezeile ist in eine feste Anzahl von Ausgabezonen unterteilt, wobei die Anzahl der Ausgabezonen und ihre Länge implementierungsdefiniert ist. Alle Ausgabezonen, außer möglicherweise der letzten in einer Zeile, müssen dieselbe Länge haben. Diese Länge muß mindestens m + e + 6 Zeichen betragen, um die Ausgabe von Zahlen in Gleitkommadarstellung, wie oben angegeben, und des Ausgabebegrenzers Komma zu ermöglichen, der die Ausgabesteuerung an die nächste Zone übergibt, wie weiter unten angegeben.
Mit dem TAB-Aufruf wird die Spaltenposition in der aktuellen Zeile auf den angegebenen Wert zum Ausgeben des nächsten Ausgabeelements gesetzt. Genauer ausgedrückt, wird das Argument des TAB-Aufrufs berechnet und auf die nächste ganze Zahl n gerundet. Ist n größer als der Rand m, so wird n um ein ganzzahliges Vielfaches von m verringert, so daß es in den Bereich 1 <= n <= m fällt; d.h. n erhält den Wert

$n - m * INT((n - 1) / m)$.

Ist die Spaltenposition der aktuellen Zeile kleiner oder gleich n, so werden, wenn nötig, Leerzeichen erzeugt, um die Spaltenposition auf n zu setzen. Ist die aktuelle Position größer als n, dann wird ein Zeilenende generiert, gefolgt von n - 1 Leerzeichen, um in der neuen Zeile die aktuelle Spaltenposition auf n zu setzen.

Die Berechnung des Ausgabebegrenzers Komma hängt von der Spaltenposition ab. Befindet sich diese Position weder in der letzten Ausgabezone einer Zeile und überschreitet sie auch nicht den Rand, so werden ein oder mehrere Leerzeichen erzeugt, um die Spaltenposition auf den Anfang der nächsten Ausgabezone in dieser Zeile zu setzen. Liegt die ursprüngliche Spaltenposition in der letzten Ausgabezone einer Zeile, so wird ein Zeilenende erzeugt. Überschreitet schließlich die ursprüngliche Spaltenposition den Rand (wie es der Fall wäre, wenn die Berechnung des letzten Ausgabeelements genau die Zeile füllen würde), so wird ein Zeilenende erzeugt, gefolgt von genügend Leerzeichen, um die erste Ausgabezone in der neuen Zeile zu füllen.

Ist die Spaltenposition größer als 1, und führt die Berechnung des nächsten Ausgabeelements zum Überschreiten des Randes um mehr als 1, so wird vor den Zeichen, die durch dieses Ausgabeelement erzeugt werden, ein Zeilenende generiert.

Führt während der Berechnung eines Ausgabeelements das Generieren eines Zeichens zu einer Spaltenposition, die den Rand um mehr als 1 überschreitet, so wird vor diesem Zeichen ein Zeilenende generiert, wodurch die Spaltenposition auf 1 zurückgesetzt wird.

Ist die Berechnung einer Ausgabeliste beendet, und endet diese Ausgabeliste nicht mit einem Ausgabebegrenzer, so wird ein abschließendes Zeilenende erzeugt, ansonsten wird ein solches nicht erzeugt.

15.5 ABLAUFUNTERBRECHUNGEN

Die Berechnung des Arguments eines TAB-Aufrufs erzeugt einen Wert kleiner 1 (behebbar; die empfohlene Prozedur zur Behandlung der Unterbrechung besteht darin, diesen Wert durch 1 zu ersetzen und fortzufahren).

15.6 ANMERKUNGEN

Mit dem Komma als Ausgabebegrenzer kann der Programmierer den Ausgabemechanismus am Ende jeder Ausgabezone auf feste Tabulatorpositionen setzen.

Eine vollständig leere Ausgabeliste erzeugt ein Zeilenende, wodurch die aktuelle Ausgabezeile vervollständigt wird. Enthält diese Zeile keine Zeichen, so entsteht eine Leerzeile.

Eine Ausgabezeile auf einem üblichen Datensichtgerät könnte in 5 Ausgabezonen von je 15 Zeichen Länge unterteilt sein.

Die Zeichenkette, die durch Ausgabe eines Wertes eines numerischen Ausdrucks entsteht, enthält ein einzelnes abschließendes Leerzeichen. Überschreitet die Spaltenposition den Rand durch Generierung dieses Leerzeichens um mehr als 1, so dürfen Implementierungen dieses Leerzeichen weglassen, so daß die Zahl in der letzten Ausgabezone einer Zeile ausgegeben werden kann.

16 INPUT-ANWEISUNG

16.1 ALLGEMEINE BESCHREIBUNG

INPUT-Anweisungen erlauben einen Benutzerdialog mit einem laufenden Progamm, indem auf Variablen Werte aus einer Quelle außerhalb des Programms übertragen werden können. Die INPUT-Anweisung ermöglicht die Eingabe von gemischten Zeichenketten- und numerischen Daten, wobei die Daten-Einheiten durch Kommas getrennt sind. Die allgemeine Form der INPUT-Anweisung ist

    INPUT Variable, Variable, Variable.

16.2 SYNTAX

Die Syntax ist wie folgt definiert:

1) INPUT-Anweisung = INPUT Variablenliste

2) Variablenliste = Variable (Komma Variable)*

3) Eingabeaufforderung = [implementierungsdefiniert]

4) Eingabe = Eingabeliste Zeilenende

5) Eingabeliste = aufgefülltes_Datenelement
    (Komma aufgefülltes_Datenelement)*

6) aufgefülltes_Datenelement = Leerzeichen* Datenelement Leerzeichen*

7) Datenelement = Zeichenkette / Zeichenfolge

16.3 BEISPIELE

Die folgenden Beispiele entsprechen den Syntaxregeln aus 16.2:

1)   INPUT X
       INPUT X, A$, Y(2)

5)   2, SMITH, -3
       25, 0, -15

7)   3.14159

16.4 SEMANTIK

Nach der Überprüfung einer Eingabe, die während der Abarbeitung eines Programms erfolgt, veranlaßt eine INPUT-Anweisung, daß die Werte aus der Eingabe in entsprechender Reihenfolge auf die Variablen in der Variablenliste übertragen werden. Im Dialogmodus wird der Benutzer des Programmes mit einer Eingabeaufforderung aufgefordert, Daten einzugeben. Im Stapelverarbeitungsmodus wird die Eingabe von einer externen Quelle in implementierungsdefinierter Weise angefordert. Die weitere Abarbeitung des Programms wird unterbrochen, bis eine gültige Eingabe erfolgt ist. Der Typ jedes Datenelements in der Eingabe muß dem Typ der Variablen entsprechen, auf die es übertragen werden soll; d.h. die Eingabe für numerische Variablen müssen Zeichenfolgen sein, die numerische Konstanten sind. Sowohl Zeichenketten als auch Zeichenfolgen dienen als Eingabe für Zeichenkettenvariablen.
Indexausdrücke in der Variablenliste werden erst dann berechnet, wenn auf die ihnen verausgehenden (d.h. links von ihnen liegenden) Variablen in der Variablenliste Werte übertragen wurden.

Erst nachdem die Eingabe bezüglich des Typs jedes Eingabeelements, der Anzahl der Eingabeelemente und des erlaubten Wertebereiches für jedes Eingabeelement überprüft worden ist, darf die Übertragung der Werte stattfinden.

16.5 ABLAUFUNTERBRECHUNGEN

Der Typ eines Eingabeelements stimmt nicht mit dem Typ der Variablen überein, auf welche es übertragen werden soll (behebbar; die empfohlene Prozedur zur Behandlung der Unterbrechung besteht darin, eine Wiederholung der Eingabe anzufordern).
Es sind zuwenig Daten in der Eingabeliste (behebbar; die empfohlene Prozedur zur Behandlung der Unterbrechung besteht darin, eine Wiederholung der Eingabe anzufordern).
Es sind zuviele Daten in der Eingabeliste (behebbar; die empfohlene Prozedur zur Behandlung der Unterbrechung besteht darin, eine Wiederholung der Eingabe anzufordern).
Die Berechnung eines numerischen Eingabeelements verursacht einen Überlauf (behebbar; die empfohlene Prozedur zur Behandlung der Unterbrechung besteht darin, eine Wiederholung der Eingabe anzufordern).
Die Übertragung eines Eingabeelements auf eine Zeichenkettenvariable führt zu einem Zeichenkettenüberlauf (behebbar; die empfohlene Prozedur zur Behandlung der Unterbrechung besteht darin, eine Wiederholung der Eingabe anzufordern).

16.6 ANMERKUNGEN

Die Norm fordert, daß Benutzer im Dialogmodus jederzeit die Möglichkeit haben, fehlerhafte Eingaben zu wiederholen. Sie fordert nicht, daß die Implementierung Korrekturmechanismen für fehlerhafte Eingaben vorsieht, obwohl solche Mechanismen vorhanden sein können.
Es wird empfohlen, daß die Eingabeaufforderung aus einem Fragezeichen, gefolgt von einem Leerzeichen, besteht.
Die Norm fordert von den Implementierungen, eine ungültige Eingabe als

Unterbrechung zu melden und dann die Wiederholung der Eingabe zuzulassen.
Ist die Eingabe für eine Zeichenkettenvariable eine Zeichenfolge, so werden führende und abschließende Leerzeichen ignoriert (siehe Abschnitt 5). Ist die Eingabe eine Zeichenkette, so sind alle Leerzeichen signifikant (siehe Abschnitt 7).

17 READ- UND RESTORE-ANWEISUNG

17.1 ALLGEMEINE BESCHREIBUNG

Durch die READ-Anweisung werden Werte aus einer Folge von Daten, die durch DATA-Anweisungen (siehe Abschnitt 18) erzeugt worden sind, auf Variablen übertragen. Die RESTORE-Anweisung erlaubt das nochmalige Lesen der Daten in diesem Programm. Die allgemeine syntaktische Form der READ- und RESTORE-Anweiung ist

    READ Variable, ..., Variable

    RESTORE

17.2 SYNTAX

Die Syntax ist wie folgt definiert:

1) READ-Anweisung   = READ Variablenliste

2) RESTORE-Anweisung   = RESTORE

17.3 BEISPIELE

Die folgenden Beispiele entsprechen den Syntaxregeln aus 17.2:

1)   READ X, Y, Z
     READ X(1), A$

2)   RESTORE

17.4 SEMANTIK

Die READ-Anweisung überträgt auf die Variablen in der Variablenliste Werte in der Reihenfolge der DATA-Anweisungen (siehe Abschnitt 18). Die Datenfolge stelle man sich mit einem Zeiger verknüpft vor. Beim Beginn der Abarbeitung eines Programms zeigt der Zeiger auf das erste Datenelement der Datenfolge. Immer, wenn eine READ-Anweisung abgearbeitet wird, wird sukzessive auf jede Variable in der Variablenliste der Wert desjenigen Datenelements übertragen, auf das der Zeiger gerade verweist, und der Zeiger hinter das Datenelement weitergeschaltet.

Die RESTORE-Anweisung setzt den Zeiger auf den Beginn der Datenfolge zurück, so daß die nächste abzuarbeitende READ-Anweisung die Daten noch einmal vom Beginn dieser Folge liest.

Der Typ des Datenelements muß dem Typ der Variablen, auf die es übertragen werden soll, entsprechen; d.h. numerische Variablen erfordern als Daten Zeichenfolgen, die numerische Konstanten darstellen, während Zeichenkettenvariablen Zeichenketten oder Zeichenfolgen als Daten erfordern. Eine Zeichenfolge, die eine gültige numerische Darstellung ist, darf durch eine READ-Anweisung sowohl auf eine numerische als auch auf eine Zeichenkettenvariable übertragen werden.

Ruft die Berechnung eines numerischen Datenelements einen Unterlauf hervor, so muß sein Wert durch Null ersetzt werden.

Indexausdrücke in der Variablenliste werden erst dann berechnet, wenn auf die ihnen vorausgehenden (links von ihnen in der Liste liegenden) Variablen Werte übertragen wurden.

17.5 ABLAUFUNTERBRECHUNGEN

Die Variablenliste in einer READ-Anweisung erfordert mehr Datenelemente, als im Rest der DATA-Folge vorhanden sind (nicht behebbar).

Es wird versucht, auf eine numerische Variable eine Zeichenkette oder eine Zeichenfolge zu übertragen, die keine gültige Darstellung einer numerischen Konstanten ist (nicht behebbar).

Die Berechnung eines numerischen Datenelements verursacht einen Überlauf (behebbar; die empfohlene Prozedur zur Behandlung der Unterbrechung besteht darin, dafür das Zahlendarstellungsmaximum mit richtigem Vorzeichen zu setzen, eine Meldung auszugeben und fortzufahren).

Die Übertragung eines Datenelements auf eine Zeichenkettenvariable verursacht einen Zeichenkettenüberlauf (nicht behebbar).

17.6 ANMERKUNGEN

Es wird empfohlen, daß Implementierungen einen Unterlauf als Unterbrechung melden und in der Bearbeitung fortfahren.

Verursacht die Berechnung eines numerischen Datenelements einen Unterlauf, so muß sein Wert durch Null ersetzt werden.

Indexausdrücke in der Variablenliste werden erst dann berechnet, wenn auf die ihnen vorausgehenden (links von ihnen in der Liste liegenden) Variablen Werte übertragen werden.

18 DATA-ANWEISUNG

18.1 ALLGEMEINE BESCHREIBUNG

Die DATA-Anweisung erzeugt eine Folge von Darstellungen für Datenelemente zur Verwendung durch die READ-Anweisung. Die allgemeine syntaktische Form der DATA-Anweisung ist

DATA Datenelement, ..., Datenelement

wobei jedes Datenelement entweder eine Zeichenfolge (die eine numerische Konstante darstellen kann) oder eine Zeichenkette ist.

18.2 SYNTAX

Die Syntax ist wie folgt definiert:

1) DATA-Anweisung   = DATA Datenliste
2) Datenliste   = Datenelement (Komma Datenelement)*

18.3 BEISPIEL

Das folgende Beispiel entspricht der Syntaxregel aus 18.2:

1)   DATA 3.14159,PI,5E-10,","

18.4 SEMANTIK

Die Datenelemente aus sämtlichen DATA-Anweisungen im Programm werden in einer einzigen Datenfolge gesammelt. Die Reihenfolge, in der Datenelemente textlich in der Gesamtheit aller DATA-Anweisungen auftreten, bestimmt die Reihenfolge der Datenelemente in der Datenfolge.

Erreicht die Abarbeitung eines Programms eine Zeile, die eine DATA-Anweisung enthält, so wird sie ohne weitere Auswirkungen mit der nächsten Zeile fortgesetzt.

18.5 ABLAUFUNTERBRECHUNGEN

Keine.

18.6 ANMERKUNGEN

Fehler in der Datenliste können während der READ- oder RESTORE-Operation Unterbrechungen hervorrufen, siehe 17.5.

19 REIHUNGS-VEREINBARUNGEN

19.1 ALLGEMEINE BESCHREIBUNG

Mit der DIMENSION-Anweisung wird Speicherplatz für ein- oder zweidimensionale Reihungen reserviert. Die OPTION-Anweisung wird benutzt, um die Untergrenze für alle Reihungs-Indizes zu definieren. Mit der OPTION-Anweisung können die Untergrenzen aller Reihungs-Indizes zu Null oder zu Eins vereinbart werden. Wenn nicht in einer DIMENSION-Anweisung anders vereinbart, müssen alle Reihungs-Indizes eine Obergrenze von Zehn haben. Somit reserviert die implementierungsdefinierte Speicherplatzzuordnung Platz für 10 oder 11 Elemente in eindimensionalen Reihungen bzw. 100 oder 121 Elemente in zweidimensionalen Reihungen, je nach Setzen der Untergrenze. Mittels der DIMENSION-Anweisung kann für die Indizes einer Reihung eine andere Obergrenze als 10 vereinbart werden.

Die allgemeine syntaktische Form der DIMENSION-Anweisung ist

    DIM Vereinbarung, ..., Vereinbarung

wobei jede Vereinbarung die Form

    Buchstabe(Ganzzahl)

oder

    Buchstabe (Ganzzahl, Ganzzahl)

hat.

Die allgemeine Form der OPTION-Anweisung ist

    OPTION BASE n

wobei n entweder 0 oder 1 sein muß.

19.2 SYNTAX

Die Syntax ist wie folgt definiert:

1) DIMENSION-Anweisung = DIM Reihungsvereinbarung
                                      (Komma Reihungsvereinbarung)*

2) Reihungsvereinbarung = Reihungsname öffnende_Klammer
                                        Grenzen schließende_Klammer

3) Grenzen = Ganzzahl (Komma Ganzzahl)?

4) OPTION-Anweisung = OPTION BASE (0 / 1)

19.3 BEISPIELE

Die folgenden Beispiele entsprechen den Syntaxregeln aus 19.2:

1)   DIM A(6), B(10,10)

4)   OPTION BASE 1

19.4 SEMANTIK

Jede Reihungs-Vereinbarung, die in einer DIMENSION-Anweisung auftritt, vereinbart die benannte Reihung als ein- oder zweidimensional, je nachdem, ob eine oder zwei Grenzen für diese Reihung angegeben sind. Zusätzlich legen die Grenzen den Maximalwert von Indexausdrücken für diese Reihung fest.

Die Deklaration einer Reihung, sofern vorhanden, muß in einer Zeile mit einer Zeilennummer auftreten, die niedriger ist, als die Zeilennummer einer Zeile, die sich auf ein Element dieser Reihung bezieht. Reihungen, die nicht in einer DIMENSION-Anweisung vereinbart sind, werden implizit gemäß ihrer Anwendung im Programm als ein- oder zweidimensional vereinbart und besitzen Indizes mit der Obergrenze von Zehn (siehe Abschnitt 8).

Die OPTION-Anweisung vereinbart die Untergrenze für alle Reihungs-Indizes; ist keine OPTION-Anweisung im Programm vorhanden, so ist die Untergrenze gleich Null. Eine OPTION-Anweisung muß, sofern vorhanden, in einer Zeile mit einer Zeilennummer stehen die niedriger ist als die einer Zeile mit einer DIMENSION-Anweisung oder einer Bezugnahme auf ein Reihungselement. Bestimmt eine OPTION-Anweisung, daß die Untergrenze für Reihungsindizes gleich Null ist, dann darf keine DIMENSION-Anweisung im Programm eine Obergrenze von Null festlegen. Ein Programm darf nur eine OPTION-Anweisung enthalten.

Erreicht die Abarbeitung eines Programms eine Zeile mit einer OPTION-Anweisung oder einer DIMENSION-Anweisung, so wird sie ohne weitere Auswirkungen mit der nächsten Zeile fortgesetzt.

Eine Reihung kann nur einmal explizit dimensioniert werden.

19.5 ABLAUFUNTERBRECHUNGEN

Keine.

19.6 ANMERKUNGEN

Keine.

20 REM-ANWEISUNG

20.1 ALLGEMEINE BESCHREIBUNG

Die REM-Anweisung gestattet Kommentare im Programm.

20.2 SYNTAX

Die Syntax ist wie folgt definiert:

1) REM-Anweisung   = REM Kommentar-String

20.3 BEISPIEL

Das folgende Beispiel entspricht 20.2:

1)   REM FINAL CHECK

20.4 SEMANTIK

Erreicht die Abarbeitung eines Programms eine Zeile, die eine REM-Anweisung enthält, so wird sie ohne weitere Auswirkungen ab der nächsten Zeile fortgesetzt.

20.5 ABLAUFUNTERBRECHUNGEN

Keine.

20.6 ANMERKUNGEN

Keine.

21 RANDOMIZE-ANWEISUNG

21.1 ALLGEMEINE BESCHREIBUNG

Die RANDOMIZE-Anweisung setzt die implementierungsdefinierte Folge von Pseudozufallszahlen, die als Werte der RND-Funktion entstehen, außer Kraft, so daß bei jeder Abarbeitung eines gegebenen Programms unterschiedliche (nicht voraussehbare) Folgen generiert werden.

21.2 SYNTAX

Die Syntax ist wie folgt definiert:

1) RANDOMIZE-Anweisung   = RANDOMIZE

21.3 BEISPIEL

Das folgende Beispiel entspricht 21.2:

1)   RANDOMIZE

21.4 SEMANTIK

Die Abarbeitung der RANDOMIZE-Anweisung generiert einen neuen, unvorhersehbaren Startpunkt für die Liste der Pseudozufallszahlen, die von der RND-Funktion benutzt wird (siehe Abschnitt 10).

21.5 ABLAUFUNTERBRECHUNGEN

Keine.

21.6 ANMERKUNGEN

Haben Implementierungen keinen Zugriff zu einem zufallserzeugenden Gerät, wie z.B. einer Echtzeituhr, so kann die RANDOMIZE-Anweisung durch einen Dialog mit dem Benutzer realisiert werden.

DIN 66284

TABELLE 2 - ZEICHENVORRAT VON BASIC

Name	Darstellung
Leerzeichen	
Ausrufezeichen	!
Anführungszeichen	"
Nummernzeichen	#
Dollarzeichen	$
Prozentzeichen	%
Undzeichen	&
Hochkomma	'
Öffnende_Klammer	(
Schließende_Klammmer	)
Stern	*
Pluszeichen	+
Komma	,
Minuszeichen	-
Punkt	.
Schrägstrich	/
Ziffern	0-9
Doppelpunkt	:
Semikolon	;
Kleinerzeichen	<
Gleichheitszeichen	=
Größerzeichen	>
Fragezeichen	?
Buchstaben	A-Z
Aufwärtspfeil	^ bzw. ↑
Unterstrich	_

TABELLE 3 - CODETABELLE VON BASIC
(aus: ISO 646, 7 Bit codierter Zeichensatz)

b7 b6 b5 / b4 b3 b2 b1	0 0 0 (0)	0 0 1 (1)	0 1 0 (2)	0 1 1 (3)	1 0 0 (4)	1 0 1 (5)	1 1 0 (6)	1 1 1 (7)
0 0 0 0 — 0	NUL	DLE	SP	0	@	P	`	p
0 0 0 1 — 1	SOH	DC1	!	1	A	Q	a	q
0 0 1 0 — 2	STX	DC2	"	2	B	R	b	r
0 0 1 1 — 3	ETX	DC3	#	3	C	S	c	s
0 1 0 0 — 4	EOT	DC4	¤	4	D	T	d	t
0 1 0 1 — 5	ENQ	NAK	%	5	E	U	e	u
0 1 1 0 — 6	ACK	SYN	&	6	F	V	f	v
0 1 1 1 — 7	BEL	ETB	'	7	G	W	g	w
1 0 0 0 — 8	BS	CAN	(	8	H	X	h	x
1 0 0 1 — 9	HT	EM	)	9	I	Y	i	y
1 0 1 0 — 10	LF	SUB	*	:	J	Z	j	z
1 0 1 1 — 11	VT	ESC	+	;	K	[	k	{
1 1 0 0 — 12	FF	IS4	,	<	L	\	l	|
1 1 0 1 — 13	CR	IS3	-	=	M	]	m	}
1 1 1 0 — 14	SO	IS2	.	>	N	^	n	~
1 1 1 1 — 15	SI	IS1	/	?	O	_	o	DEL

Anmerkungen:
1) In den ISO-7- und 8-Bit-Codetabellen sind in Position 2/4 zwei Zeichen angegeben, nämlich $ und ¤. In jeder Version des Codes ist eines der beiden Zeichen dieser Position zugeordnet. Das Zeichen im 7- oder 8-Bit-Code, das dem $-Zeichen im Zeichensatz für Elementar-BASIC entspricht, ist entweder $ oder ¤ (¤ in der internation. Referenzversion). Dasselbe gilt für die Zeichen und # in Position 2/3, wobei # das Zeichen der internationalen Referenzversion ist.
2) Grau unterlegte Zeichen gehören nicht zum BASIC-Zeichensatz.
Nationale Anmerkung:
Vielfach tritt statt des Zeichens ∧ das Zeichen ↑ auf.

ANHANG A
AUFBAU DER NORM

(Dieser Anhang ist nicht Teil der Normanforderungen)

Diese Norm besteht aus einer Anzahl von Abschnitten, von denen jeder ein bestimmtes Leistungsmerkmal von Basic definiert. Die Abschnitte 5 bis 21 sind wie folgt in Unterabschnitte aufgeteilt.

A.1 UNTERABSCHNITT 1 - ALLGEMEINE BESCHREIBUNG

Dieser Unterabschnitt beschreibt kurz die zu behandelnden Leistungsmerkmale von BASIC und gibt die allgemeine syntaktische Form dieser Leistungsmerkmale an.

A.2 UNTERABSCHNITT 2 - SYNTAX

Die genaue Syntax der Leistungsmerkmale der Sprache wird in einer modifizierten kontextfreien Grammatik oder Backus-Naur-Form angegeben. Die Details dieser Methode der Syntaxbeschreibung sind in Anhang B beschrieben.

Um die Syntax einfach zu halten, erlaubt die Syntaxspezifikation die Beschreibung einiger Konstruktionen, die genaugenommen gemäß dieser Norm nicht zulässig sind. Zum Beispiel erlaubt sie die Generierung der Anweisung

    LET X = A(1) + A(1,2)

in der die Reihung A mit einer unterschiedlichen Anzahl von Indizes auftritt. Anstatt solche Konstruktionen durch eine kompliziertere Syntax auszuschließen, verbietet sie die Norm mittels der Semantik.

Das Hauptziel der Syntax ist es, den Begriff eines <u>Programms</u> und seiner Bestandteile zu definieren. Zusätzlich dazu definiert die Syntax verschiedene andere Begriffe, die nicht zur Definition von <u>Programm</u> benötigt werden. Diese sind <u>Eingabeaufforderung</u>; ein Element, das bei der Abarbeitung einer <u>Input-Anweisung</u> generiert wird; <u>Eingabe</u>, eine Zeichenfolge, die als Antwort auf eine Eingabeaufforderung übergeben wird; und <u>Zeilenende</u>, welches das Ende einer Zeile anzeigt.

A.3 UNTERABSCHNITT 3 - BEISPIELE

Eine kurze Liste gültiger Beispiele, die durch die Ersetzungsregeln in Unterabschnitt 2 generiert werden können, wird angegeben. Die Numerierung der Beispiele entspricht derjenigen der Ersetzungsregeln und ist nicht lückenlos, wenn nicht für alle Regeln Beispiele angegeben werden.

A.4 UNTERABSCHNITT 4 - SEMANTIK

Die semantischen Regeln in dieser Norm dienen zwei Zwecken. Erstens schließen sie bestimmte Sprachkonstruktionen aus, die durch die Syntax erlaubt wären, aber keine gültige Bedeutung gemäß dieser Norm besitzen. Zweitens definieren sie eine Bedeutung für die verbleibenden Konstruktionen.

A.5 UNTERABSCHNITT 5 - ABLAUFUNTERBRECHUNGEN

Dieser Unterabschnitt enthält eine Liste derjenigen Ausnahmesituationen, die eine normkonforme Implementierung erkennen muß.

A.6 UNTERABSCHNITT 6 - ANMERKUNGEN

Dieser Unterabschnitt enthält sowohl Anmerkungen, die bestimmte Anforderungen dieser Norm hervorheben, als auch Empfehlungen, die die Implementierung eines BASIC-Sprachverarbeitungssystems in einer Betriebssystemumgebung betreffen.

ANHANG B
DIE METHODE DER SYNTAXSPEZIFIKATION
(Dieser Anhang ist nicht Teil der Normanforderungen)

Die Syntax definiert durch eine Serie von Ersetzungsregeln, die sog. Produktionen, syntaktische Objekte verschiedener Typen wie Programm oder Ausdruck und beschreibt, welche Symbolfolgen Objekte dieser Typen sind.

In der Syntax werden Großbuchstaben, Ziffern und (möglicherweise in Anführungszeichen geschriebene) kleinbuchstabige Wörter als Metanamen benutzt, d.h. als Namen für syntaktische Objekte. Die meisten dieser Metanamen werden mittels Ersetzungsregeln aus anderen Metanamen definiert. Damit dieser Prozeß terminiert, werden bestimmte Metanamen als "terminale" Metanamen qualifiziert und es gibt für sie in der Syntax keine Ersetzungsregeln. Mit Ausnahme der Konstruktion [implementierungsdefiniert] werden alle terminalen Metanamen im Abschnitt 5 eingeführt und definiert. Es sollte besonders beachtet werden, daß alle Großbuchstaben und alle Ziffern terminale Metanamen sind, die sich selbst repräsentieren. Weiterhin ist die Konstruktion [implementierungsdefiniert] kein eindeutiges syntaktisches Objekt, sondern wird bei jedem Erscheinen durch jede Implementierung in geeigneter Weise für das betreffende Objekt definiert.
In einigen Fällen werden im Unterabschnitt "Anmerkungen" Empfehlungen zur Darstellung der Objekte gegeben.

Weitere Details der Syntax können durch einige Beispiele illustriert werden.
In Abschnitt 13 steht die Produktion

    GOSUB-Anweisung = GO Leerzeichen* SUB Zeilennummer

Diese zeigt an, daß eine GOSUB-Anweisung aus den Buchstaben G, O, beliebig vielen Leerzeichen, S, U, B gefolgt von einer Zeilennummer besteht.
Was ist die Zeilennummer? In Abschnitt 6 zeigt die Produktion

    Zeilennummer = Ziffer Ziffer? Ziffer? Ziffer?

an, daß eine Zeilennummer eine Ziffer ist, gefolgt von bis zu drei anderen Ziffern (Das Fragezeichen ist ein syntaktischer Operator, der bedeutet, daß das vorhergehende Objekt vorhanden sein kann oder nicht).

Was ist eine Ziffer? In Abschnitt 5 zeigt die Produktion

    Ziffer = 0 / 1 / 2 / 3 / 4 / 5 / 6 / 7 / 8 / 9

an, daß eine Ziffer entweder eine 1 oder 2.. oder 9 ist (Der Schrägstrich ist ein syntaktischer Operator, der das alternative "oder" bedeutet und anzeigt, daß ein Metaname auf eine von mehreren Arten ersetzt werden kann). Da die Ziffern terminale Metanamen sind, d.h. nicht auf der Linken Seite einer Produktion vorkommen, terminiert hier unsere Ableitung der Syntax der GOSUB-Anweisung. Die Semantik in Abschnitt 5 definiert die Ziffern durch die Zeichen, durch die sie repräsentiert werden.

Ein Stern ist ein syntaktischer Operator ähnlich dem Fragezeichen; er zeigt an, daß das vorangehende Objekt beliebig oft oder überhaupt nicht in der Produktion auftreten kann.

Zum Beispiel zeigt

    Ganzzahl = Ziffer Ziffer*

an, daß eine Ganzzahl eine Ziffer, gefolgt von einer beliebigen Anzahl anderer Ziffern ist.

Mit runden Klammern können Folgen von Metanamen zusammengefaßt werden. Zum Beispiel definiert

    Variablenliste = Variable (Komma Variable)*

eine Variablenliste, die aus einer Variablen, gefolgt von einer beliebigen Anzahl von durch Komma getrennten Variablen besteht.

Treten verschiedene syntaktische Operatoren in derselben Produktion auf, so haben die Operatoren "?" und "*" Vorrang vor dem Operator "/".

In der Syntax werden kleingeschriebene Wörter durch Leerzeichen voneinander getrennt. Für Leerzeichen in BASIC-Programmen gelten spezielle Konventionen (siehe Abschnitt 6).

DIN 66284

ANHANG C
IMPLEMENTIERUNGSDEFINIERTE EIGENSCHAFTEN
(Dieser Anhang ist nicht Teil der Normanforderungen)

Eine Reihe von in dieser Norm definierten Leistungsmerkmalen ist einer weiteren Definition durch den Implementierer vorbehalten. Jedoch beeinträchtigt dies nicht die Portabilität, vorausgesetzt, die in den verschiedenen Abschnitten der Norm angegebenen Grenzen werden eingehalten. werden. Die Art und Weise, wie diese Leistungsmerkmale realisiert sind, muß im Benutzerhandbuch der speziellen Implementierung definiert sein.

a) Genauigkeit der Berechnung numerischer Ausdrücke (siehe Abschn. 9);

b) Zeilenende (siehe Abschn. 6, 15 und 16);

c) Exponentenlänge bei numerischer Ausgabe (siehe Abschn. 15);

d) Anfangswert von Variablen (siehe Abschn. 8);

e) Eingabeaufforderung (siehe Abschn. 16);

f) maximal akzeptierbare Zeichenkettenlänge (siehe Abschn. 12);

g) Wert des Zahlendarstellungs-Minimums (siehe Abschn. 7);

h) Wert des Zahlendarstellungs-Maximums (siehe Abschn. 7);

i) Zeilenlänge für Ausgabezeilen (siehe Abschn. 15);

k) Genauigkeit numerischer Werte (siehe Abschn. 7);

m) Länge der Ausgabezone (siehe Abschn. 15);

n) Folge der Pseudozufallszahlen (siehe Abschn. 10 und 21);

p) Mantissenlänge bei numerischer Ausgabe (siehe Abschn. 16);

q) Form der Eingabeaufforderung im Stapelbetrieb (siehe Abschn. 16).

Es muß beachtet werden, daß implementierungsdefinierte Leistungsmerkmale aus folgenden und weiteren Gründen bei unterschiedlichen Implementierungen unterschiedliche Ergebnisse bewirken:

a) Der logische Ablauf eines Programms kann durch den Algorithmus zur Generierung der Folge der Pseudozufallszahlen beeinflußt werden;

b) der logische Ablauf eines Programms kann durch die Werte des Zahlendarstellungsmaximums, -minimums und/oder die Genauigkeit numerischer Werte beeinflußt werden;

c) der Anfangswert von Variablen kann den logischen Ablauf eines Programms mit logischen Fehlern beeinflussen;

d) die Reihenfolge der Berechnung numerischer Werte kann den logischen Ablauf eines Programms beeinflussen.

ANHANG D
VERZEICHNIS DER SYNTAKTISCHEN METANAMEN

(Dieser Anhang ist nicht Bestandteil der Normanforderungen)

Alle Metanamen und terminalen Symbole, die in den Unterabschnitten 2 der Abschnitte 5 bis 21 auftreten, sind nachfolgend alphabetisch aufgelistet. Die Verweise bestehen aus der Abschnittsnummer (vor dem Punkt) und der Nummer der Produktionsregel im jeweiligen Unterabschnitt 2 (nach dem Punkt). Verweise mit einem Stern kennzeichnen die einen Metanamen definierende Produktionsregel.

Die terminalen Metanamen werden aus dem Englischen unverändert übernommen. Für sie ist eine empfohlene deutsche Redeweise angegeben. Die nichtterminalen Metanamen wurden ins Deutsche übertragen. Für sie ist der entsprechende englische Terminus angegeben.

TERMINALE SYMBOLE

```
METANAME         EMPFOHLENE DEUTSCHE SPRECHWEISE       SYNTAX-REGEL-NR.


0................................................5.2      19.4
1................................................5.2      19.4
2................................................5.2
3................................................5.2
4................................................5.2
5................................................5.2
6................................................5.2
7................................................5.2
8................................................5.2
9................................................5.2
0................................................5.2

A................................................5.1
ABS...........Absolutbetrag......................10.1
ATN...........Arkus Tangens......................10.1

B................................................5.1
BASE..........Reihungs-Basis.....................19.4

C................................................5.1
COS...........Kosinus............................10.1

D................................................5.1
DATA..........Datenanweisung.....................18.1
DEF...........definiere..........................11.1
DIM...........Reihungsvereinbarung...............19.1

E................................................5.1       7.7
END...........Ende................................6.7
EXP...........e hoch.............................10.1
```

```
F......................................................5.1
FN..............Funktion.........................11.2
FOR.............für..............................14.5

G......................................................5.1
GO..............gehe.............................13.1   13.9   13.11

H......................................................5.1

I......................................................5.1
IF..............Wenn.............................13.2
INPUT...........Eingabe von......................16.1
INT.............Nächster Ganzzahlwert kleiner....10.1

J......................................................5.1

K......................................................5.1

L......................................................5.1
LET.............sei..............................12.2   12.3
LOG.............natürlicher Logarithmus von......10.1

M......................................................5.1

N......................................................5.1
NEXT............wiederhole für...................14.10

O......................................................5.1
ON..............gemäß............................13.11
OPTION..........Reihungsoption...................19.4

P......................................................5.1
PRINT...........Ausgabe von......................15.1

Q......................................................5.1

R......................................................5.1
RANDOMIZE.......generiere Zufallszahlen..........21.7
READ............Lesen aus DATA-Elementen in......17.1
REM.............Anmerkung lautet..................20.1
RESTORE.........Zurücksetzen der DATA-Elemente...17.2
RETURN..........kehre zurück.....................13.10
RND.............gewinne Zufallszahl..............10.1

S......................................................5.1
SGN.............Vorzeichen von...................10.1
SIN.............Sinus von........................10.1
SQR.............Quadrat von......................10.1
STEP............mit Schrittweite von.............14.5
STOP............beende Programm..................13.12
SUB.............Unterprogramm....................13.9

T......................................................5.1
TAB.............Tabulator........................15.4
TAN.............Tangens..........................10.1
THEN............dann.............................13.2
TO..............zu...............................13.1   13.11  14.5
```

DIN 66284

U..5.1
V..5.1
W..5.1
X..5.1
Y..5.1
Z..5.1

DIN 66284

NICHTTERMINALE METANAMEN

METANAME	ENGL. TERMINUS	REGEL-NR.	
[implementierungsdefiniert]	[implementation defined]	6.5	16.3
Anführungszeichen	quotation-mark	5.3	5.8
Anfangswert	initial-value	14.7*	14.5
Anweisung	statement	6.8	6.3
Anweisungszeile	statement-line	6.3*	6.2
Apostroph	apostrophe	5.4	
Argument	argument	9.10*	9.9
Argumentliste	argument-list	9.9*	9.7
aufgefülltes_Datenelement	padded-datum	16.6*	16.5
Aufwärtspfeil	circumflex-accent	5.4	9.4
Ausdruck	expression	9.1	15.3
Ausgabebegrenzer	print-separator	15.5*	15.2
Ausgabeelement	print-item	15.3*	15.2
Ausrufezeichen	exclamation-mark	5.4	
Block	block	6.2*	6.1
		14.2	
Bruch	fraction	7.6*	7.4
Buchstabe	letter	5.1	5.6
		8.3	8.5
		8.7	11.2
DATA-Anweisung	data-statement	18.1*	6.8
Datenelement	datum	16.2*	16.4
		16.6	18.2
Datenliste	data-list	18.2*	18.1
DEF-Anweisung	def-statement	11.1*	6.8
DIMENSION-Anweisung	dimension-statement	19.1*	6.8
Dollarzeichen	dollar-sign	5.4	8.7
Doppelpunkt	colon	5.4	
einfache_numerische_Variable	simple-numeric-variable	8.3*	8.2
		11.4	14.6
einfaches_Zeichen	plain-string-character	5.6	5.5
		5.9	
Eingabe	input-reply	16.4*	
Eingabeaufforderung	input-prompt	16.3*	
Eingabeliste	input-list	16.5*	16.4
END-Anweisung	end-statement	6.7*	6.6
END-Zeile	end-line	6.6*	6.1
Endwert	limit	14.8*	14.5
Exponent	exrad	7.7*	7.3
Faktor	factor	9.4*	9.3
FOR-Anweisung	for-statement	14.5*	14.3
FOR-Block	for-block	14.1	6.2
FOR-Rumpf	for-body	14.2*	14.1
FOR-Zeile	for-line	14.3*	14.1
Fragezeichen	question-mark	5.4	
Funktionsdefinition	numeric-defined-function	11.2*	9.8
		11.1	
Ganzzahl	integer	7.5*	7.4
		7.7	19.3
Gleichheitsrelation	equality-relation	13.5*	13.3
		13.4	

```
Gleichheitszeichen............equals-sign................5.4    11.1
                                                         12.2    12.3
                                                         13.5    13.6
                                                         13.7    14.5
GOSUB-Anweisung..............gosub-statement...........13.9*    6.8
GOTO-Anweisung...............goto-statement............13.1*    6.8
Größer-Zeichen...............greater-than-sign.........5.4     13.4
                                                         13.6    13.8
größer_gleich................not-less..................13.6*   13.4
Grenzen......................bounds....................19.3*   19.2
IF-THEN-Anweisung............if-then-statement.........13.2*    6.8
Indexangabe..................subscript.................8.6*    8.4
INPUT-Anweisung..............input-statement...........16.1*    6.8
Kleiner-Zeichen..............less-than-sign............5.4     13.4
                                                         13.8    13.7
kleiner_gleich...............not-greater...............13.7*   13.4
Komma........................comma.....................5.4     8.6
                                                         13.11   15.5
                                                         16.2    16.5
                                                         18.2    19.1
                                                         19.3
Kommentar-Zeichenfolge.......remark-string.............5.7*    20.1
Leerzeichen..................space.....................5.5     13.1
                                                         13.9    13.11
                                                         16.6
LET-Anweisung................let-statement.............12.1*    6.8
Mantisse.....................significand...............7.4     7.3
Minuszeichen.................minus-sign................5.6     7.2
Multiplikationsoperator......multiplier................9.5*    9.3
NEXT-Anweisung...............next-statement............14.10*  14.4
NEXT-Zeile...................next-line.................14.4*   14.2
numerische_Funktion..........numeric-function-name.....9.8*    9.7
numerische_Konstante.........numeric-constant..........7.1*
numerische_LET_Anweisung.....numeric-let-statement.....12.2*   12.1
numerische_Standardfunktion..numeric-supplied-function.10.1*    9.8
numerische_Variable..........numeric-variable..........8.2*    8.1
                                                         9.6    12.2
numerischer_Ausdruck.........numeric-expression........9.2*    8.6
                                                         9.1     9.6
                                                         9.10   11.1
                                                         12.2   13.3
                                                         13.11  14.7
                                                         14.8   14.9
                                                         15.4
numerischer_Funktionsaufruf..numeric-function-ref......9.7*    9.6
Nummernzeichen...............number-sign...............5.4
öffnende_Klammer.............left-parenthesis..........5.4     8.6
                                                         9.6     9.9
                                                         11.3   15.4
                                                         19.2
ON-GOTO-Anweisung............on-goto-statement.........13.11    6.8
OPTION-Anweisung.............option-statement..........19.4*    6.8
Parameter....................parameter.................11.4    11.3
Parameterliste...............parameter-list............11.3*   11.1
Pluszeichen..................plus-sign.................5.6     7.2
Primärausdruck...............primary...................9.6*    9.4
PRINT-Anweisung..............print-statement...........15.1*    6.8
```

```
Programm........................program....................6.1*
Prozentzeichen.................percent-sign................5.4
Punkt..........................full-stop................. 5.6      7.4
                                                                    7.6
RANDOMIZE-Anweisung............randomize-statement........21.1*     6.8
READ-Anweisung.................read-statement.............17.1*     6.8
Reihungselement................numeric-array-element......8.4*      8.2
Reihungsname...................numeric-array-name.........8.2*      8.4
                                                          19.2
Reihungsvereinbarung...........array-declaration..........19.2*    19.1
Relation.......................relation...................13.4*    13.3
Relationsausdruck..............relational-expression......13.3*    13.2
REM-Anweisung..................remark-statement...........20.1*     6.8
RESTORE-Anweisung..............restore-statement..........17.2*     6.8
RETURN-Anweisung...............return-statement...........13.10*    6.8
schließende_Klammer............right-parenthesis..........5.4       8.6
                                                           9.6      9.9
                                                          11.3     15.4
                                                          19.2
Schrägstrich...................solidus....................5.4       9.5
Schrittweite...................increment..................14.9*    14.5
Semikolon......................semicolon..................5.4      15.5
Stern..........................asterisk...................5.4       9.5

STOP-Anweisung.................stop-statement.............13.12     6.8
Stringzeichen..................string-character...........5.3*      5.7
TAB-Aufruf.....................tab-call...................15.4*    15.3
Term...........................term.......................9.3*      9.2
Undzeichen.....................ampersand..................5.4
ungleich.......................not-equals.................13.8*    13.5
Unterstrich....................underline..................5.4
Variable.......................variable...................8.1*     16.2
Variablenliste.................variable-list..............16.2*    16.1
                                                          17.1
Vorzeichen.....................sign.......................7.2*      7.1
                                                           7.7      9.2
Zählvariable...................control-variable...........14.6*    14.5
                                                          14.10
Zahlendarstellung..............numeric-rep................7.3*      7.1
                                                           9.6
Zeichenfolge...................unquoted-string............5.9*     16.7
Zeichenfolgenzeichen...........unquoted-string-character..5.5*      5.4
                                                           5.9
Zeichenkette...................quoted-string..............5.8*      7.8
                                                                   16.7
Zeichenketten-LET-Anweisung....string-let-statement.......12.3*    12.1
Zeichenkettenausdruck..........string-expression..........9.11*     9.1
                                                          12.3     13.3
Zeichenkettenkonstante.........string-constant............7.8*      9.11
Zeichenkettenvariable..........string-variable............8.7       8.1
                                                           9.11    12.3
Zeichenkettenzeichen...........quoted-string-character.... 5.4*     5.3
                                                           5.8
Zeile..........................line.......................6.9*
Zeilenende.....................end-of-line................6.5*      6.3
                                                           6.6     14.3
                                                          14.4
```

DIN 66284

```
Zeilennummer..................Line-number.................6.4*   6.3
                                                          6.6   13.1
                                                         13.2   13.9
                                                        13.11   14.3
                                                         14.4
Ziffer.......................digit......................5.2*    5.6
                                                          6.4    7.5
                                                          7.6    8.3
```

Ende der deutschen Übersetzung

<u>Zitierte Normen</u>

Siehe Nationales Vorwort und Abschnitt 3

Internationale Patentklassifikation

G 06 F 1-00

If you have any concerns about our products,
you can contact us on
ProductSafety@springernature.com

In case Publisher is established outside the EU,
the EU authorized representative is:
**Springer Nature Customer Service Center GmbH
Europaplatz 3, 69115 Heidelberg, Germany**

Printed by Libri Plureos GmbH
in Hamburg, Germany